寻找英雄的足迹

回民英杰
马本斋

蔡 楠◎著

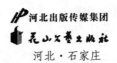

河北出版传媒集团

花山文艺出版社

河北·石家庄

图书在版编目（CIP）数据

回民英杰马本斋／蔡楠著．－石家庄：花山文艺
出版社，2021.6（2022.7 重印）
　　（寻找英雄的足迹／王凤，李延青主编）
　　ISBN 978-7-5511-5665-3

Ⅰ.①回⋯　Ⅱ.①蔡⋯　Ⅲ.①传记文学－中国－当代
Ⅳ.①I25

中国版本图书馆CIP数据核字(2021)第065939号

丛　书　名：寻找英雄的足迹
主　　编：王　凤　　李延青
书　　名：**回民英杰马本斋**
　　　　　　Huiminyingjie Ma Benzhai
著　　者：蔡　楠
策　　划：郝建国
统　　筹：王福仓　　王玉晓
责任编辑：梁东方　　林艳辉
责任校对：李　鸥
美术编辑：胡彤亮　　陈　淼
出版发行：花山文艺出版社（邮政编码：050061）
　　　　　　（河北省石家庄市友谊北大街330号）
销售热线：0311-88643221
传　　真：0311-88643234
印　　刷：三河市东兴印刷有限公司
经　　销：新华书店
开　　本：880×1230　1/32
印　　张：7.5
字　　数：140千字
版　　次：2021年6月第1版
　　　　　　2022年7月第2次印刷
书　　号：ISBN 978-7-5511-5665-3
定　　价：25.00元

马本斋

原名马守清，回族，共产党员，1902年生于河北沧州献县。抗日战争时期八路军冀中军区回民支队的创建人，抗日民族英雄。他率领的回民支队被毛泽东同志称为"百战百胜的回民支队"。1944年随部队赴延安途中，病逝于山东莘县。

写在前面

◎郝建国

习近平总书记一直高度重视对英雄的宣传和学习，指出："全党全社会要崇尚英雄、学习英雄、关爱英雄，大力弘扬英雄精神，汇聚实现中华民族伟大复兴的磅礴力量。"（2020年10月21日习近平给四川省革命伤残军人休养院全体同志的回信）

我们组织推出此套丛书，即是贯彻落实习近平总书记重要指示精神的一个实际行动，是"不忘初心、牢记使命"的一次具体实践。

曾几何时，英雄这一神圣的群体，被明星的光环遮蔽，在不少年轻人的心中，当年妇孺皆知的共和国英雄，似乎离他们越来越远。追星族挖空心思了解明星们的各种癖好，而对开国英雄们的事迹竟然一无所知。相比于二十世纪五六十年代人们对英雄的崇拜和对英雄事迹的传颂，当下对英雄，尤其是为中华人民共和国成立立下不朽功勋的英烈们的颂扬，显得有些薄弱。

一个淡忘英雄的国家，难以面向未来。

让英雄重归视野、永驻心田，是我们组织创作出版这套"寻找英雄的足迹"丛书的初衷，也是所有参与此项工作的领导和工作人员的心愿。

丛书由河北省作家协会组织创作，由花山文艺出版社编辑出版发行。八位写作者，都是河北省文学界颇有实力的中坚力量，活跃于文学创作领域。他们用生动的笔触，表达对英雄的敬仰和缅怀，在采访和搜集资料的过程中，付出了不少辛劳，在此表示由衷的感谢。

丛书的传主李大钊、董振堂、赵博生、佟麟阁、狼牙山五壮士、马本斋、董存瑞、戎冠秀，都是入选"100位为新中国成立作出突出贡献的英雄模范人物"的河北籍英烈，其事迹具有全国影响力和彪炳史册的震撼力。他们属于河北，更属于中国。由于以前曾经出版过很多记述他们英雄故事的书籍，为了能够吸引当下青少年阅读，我们另辟蹊径，寄望在"寻找"的过程中，发现新事迹，挖掘新材料，带给读者全新的阅读体验。

丛书以青少年为主要读者，因此，写作中力求可读性强，避免史料的堆积和过于浓重的学术表述，让阅读者在潜移默化的感染中，学习英烈们的精神，汲取向上的力量，珍惜来之不易的幸福生活，热爱先烈们抛头颅洒热血建立的新中国，为实现中华民族伟大复兴的中国梦发奋工作。

为了打造出一套高质量的精品图书，作者们数易其稿，编辑们反复审读，河北省作协多次召开协调会，从写作动机、行文风格、读者对象、宣传方案到编辑体例、数字用法都进行了深入研讨，并将丛书列为向中国共产党成立一百周年的献礼图书。其间，得到中共河北省委宣传部领导的大力支持和指导，丛书被列为河北省优秀出版物选题并给予资金支持。

从资料的搜集、整理到对相关人物的采访，特别是写作的创新，其间都面临着巨大的挑战。时代在前进，人们的阅读习惯发生了巨大的变化，我们的尝试能否达到令读者满意的效果，现在还是未知数。不管怎样，我们用一颗虔诚的心，回望英烈们的感人事迹，探寻他们的初心，为当代人树立起一面面闪光的旗帜，这个朴素的想法，其实在丛书付梓之时即已实现。

限于资料的收集范围，加之时间紧迫，书中的疏漏之处在所难免，恳请读者批评指正。

让我们一起讴歌英雄，缅怀英雄，学习英雄，踏着英雄的足迹不断前行！

目　录

CONTENTS

开　篇

三十年了，我用相机和镜头寻访
一个人和一支部队

大病初愈之后，有件事情我必须抓紧做，因为留给我的时间可能不多了。

实际上，三十年了，我一直在做这件事情。从 1989 年我第一次来本斋村拍摄第一张照片开始，我就知道我找到了自己一生的支点：我要用我的相机和镜头寻访一个人，寻访一支部队，寻访另一种人生。

三十年了，我就这样寻访着，以马本斋为圆心，以回民支队老战士为半径，画了一个圆。这个圆好大好大呀，大得能圈起一个中国，能圆一个伟大的梦。我踏进这个圆，幸运地成了圆梦人。三十年里，我自己都没有想到，会有一百四十多名回民支队的老战士进入我的镜头，我会拍摄数万张照片，会写下一百多本寻访日记，会收集上千件马本斋和回民支队用过的武器、书信、生活用品等遗物。在我的老家沧州献县苗庄村，我贷款建了一个二层小楼。我要建成村里最好的房子，就是为了安置那些照片和遗物，就是为了安置那些散布在中华大地上的英魂。

2019年是中华人民共和国成立七十周年，我想在这些照片和遗物中，挑选精品，搞个大型展览。时间就定在10月1日国庆阅兵式那一天，地点就定在马本斋纪念馆。我还想出版一本大型画册。可是，在2019年的7月，我却病倒了。

我怎么会病倒呢？我身体健壮，能吃能喝能跑。我从冀中平原到祁连山脉，从黄土高坡到江南水乡，我的脚板儿走过全国三十多个省份。我是个铁人。我怎么会得病呢？但我确实是得病了，而且还是不太好的病。开始我自己觉得大便不顺畅，还火辣辣地疼，有时疼得不能完成排便。我就背着家人到献县中医院去检查。医生没有告诉我病理结果，却叫来了我的老伴儿、儿子和女儿。

看他们嘀嘀咕咕、神神秘秘的样子，我不耐烦地说："哎呀，没什么大不了的，你们大点儿声，直说吧！我挺得住！"

儿子却笑嘻嘻地走过来，冲我挤挤眼说："是息肉，这回你的寻访可要耽误一段时间了！"

"那咋办？医生。"我求助的眼光扫向了医生。

医生过来拍拍我的肩膀，轻松地说："做手术呗，放心，小手术！"

我点点头，同意了。但我不像他们那样轻松。我当过赤脚医生，对于病症我还是能猜个八九不离十的，肯定不是息肉那么简单。

在进手术室之前，我将儿子叫到身边，我用轻得只能他自己听到的声音说："儿子，假如手术不好，爸爸不行了，就别拉回家了，交给卫生机构，给医疗做点儿贡献吧！但是有一点，要把我的遗像放在咱家小楼的楼梯口，我要守护着马本斋司令和回民支队的战士们！"

儿子咬着嘴唇，眼睛潮润了，但他没哭，他说："爸爸，你一定会好起来的，你还要到处搜集英雄资料，还要搞展览、出画册呢，怎么会不行了呢？"

"一定会行的！"儿子狠劲攥着我的手，又说。

手术很成功。感谢医生高超的医术，感谢亲人的呵护和陪伴，我从病魔的手掌中逃了出来，站了起来。我恢复得很快，我几乎成了一个正常人，只是身体瘦了，体重轻了。

于是，我紧锣密鼓地开始了十一展览的筹备。

今天，在中华人民共和国成立七十周年的喜庆日子里，我的大型展览如期举行。

展览上，来了好多的人。省里的、市里的、县里的、乡里的、村里的领导来了；本斋村的村民们来了；十里八乡的摄影爱好者来了，文物商人来了；博物院的，纪念馆的，电视台的、报社的、自媒体的都来了。纪念馆内外人流如织。这些人分流着，流到了纪念馆内的母子湖畔，流到了将军碑前，流到了纪念馆的展牌前。

在这些光临的领导和嘉宾中，有两个人值得一提。一个是马本斋的儿子——八十岁高龄的马国超将军。他在开幕式上赠送了我一幅书法作品，上面是他的诗作：赵公爱国又爱党，文武英雄镜头装。岭上青松永不老，忠贞精神大发扬。我接过他的书法，红了脸，嘴里嘟囔着："过奖了，过奖了，我只是做了自己喜欢做的事情！"

另一个值得一提的是作家蔡楠。他拿出了一张写满字盖有红印的纸，对我说："赵文岭先生你好，我是河北省文学院的签约作家，这是省作协的采访函。我给你念念好吗？"

他就念了。我听明白了。大概意思就是省里要出一套《寻找英雄的足迹》的纪实文学丛书，重述英雄故事。他负责对马本斋的写作。他说，他在采访过程中发现了我三十年如一日，早已经干着寻找英雄足迹的大事情了。他要采访我。他说，他要在写马本斋的同时，将我写进他的书里。

我望着蔡楠。我发现他眼里的真实和诚恳以及激动。我说："不要写我，比起马司令来，我的事情不值一提。你要写，就按照我的采访线索写写马司令和这些快要被人遗忘的回民支队队员吧。写写他们的成长，写写他们的精神。他们现在健在的没几个了，他们还在老去死去。我其实最怕的就是他们的离开，我千辛万苦找到他们的时候，他们已经八九十岁了，拍完照片不久，他们可能就走了。我能留住的只有他们的照片和精神了……你要把他们写出来啊……"

我带着蔡楠先生来到了纪念馆展览房间。我指着墙上的图片一一介绍着，讲解着："你看，这位是马庆功，我第一个拍的就是他，惨烈的高纪庄突围中，他是光荣队队长；这位是丁铁石，这位是刘世昌，他们是马司令的入党介绍人；这位是马永标，马司令的叔叔，也是回民支队的创始人之一，后来牺牲在高纪庄突围战中了，他的像是在一张老照片上翻拍的；这是曹奎阿訇，回民支队第一个随队阿訇；这位是李福亭，我就是通过他去的新疆，发现了三个泉边防连——回民支队的延续部队的；这是马进坡，马司令的三弟，我就是在他的家里发现马司令的画像的，也是翻拍下来，才有马司令这张传世照片的……"

我又指着地上的烈士遗物说："你看，这是回民支队用过的大抬杆，又叫扫帚炮；这是马司令穿过的军装，用过的驳壳枪，还有马司令用过的油灯。在后方医院治病期间，马司令为节省灯油，连灯头都拨得很小……"

我说着说着，看到了这些英雄的队员们在他们各具情态的画像里动了起来，活了起来。他们从镜框里，从镜头里，活泼泼地跳了出来，然后一一和我握手，然后走到马司令的画像前，围成了一个圆，一个刚好能被这间展室容纳下的圆。他们齐刷刷地举起了右手，齐刷刷地向马司令敬着军礼，齐刷刷地喊道："司令员，我们又回来看你来了，你下命令吧！"

这一次我流了泪。泪眼模糊中，我看到了马司令举手还礼，然后一一拥抱队员，然后走到烈士遗物前，慢慢地穿上军装，挎好驳壳枪，端起油灯，对队员们大声喊道："同志们，我们走，我们不能总被挂在墙上，战士的归宿永远在战场！"

接下来，我就看到了这样一个壮观的场面：马司令带队走出了展室，走到了院里，跨上了战马。战马嘶鸣，四蹄腾空，向着远方飞奔而去。身后，一支浩浩荡荡的抗日大军正踏破征尘，呼啸远去。

我觉得，所有参观展览的人都惊呆在这弥漫的远去的征尘中了。

第 一 章

想见毛泽东

马本斋平生最大的愿望就是去一个地方见一个人。这个地方就是延安，这个人就是毛泽东主席。

所以，当冀鲁豫军区杨得志司令员将这个消息告诉他的时候，他的心就飞出了体内，飞出了喉咙，长成了一对翅膀。这一对翅膀在1944年的1月里，在寒冷的冬天跃跃欲飞。

随后，电文在寒风中飞来了。在司令部，他一遍又一遍地念着电文：

冀中回民支队马本斋同志：

党中央问候你和全体指战员。

你们以大智大勇，驰骋于华北平原，取得了卓著战绩。为了消灭西北五马犯匪，党中央决定，命你部速来延安，接受重任……

他念着电文，如沐春风，已见消瘦的脸上泛起了大团大团的红晕。他又一次哼起了那首他最喜爱的歌：

山头月儿明，沙河水流涌，谁愿受这奴隶的命，
谁愿看强盗横行。我们在这儿生长，在这儿健壮，
几百代了……而今我们要去远方——

他在离开家乡去口外谋生时就是唱着这首歌走的；他在胶东离开国民党师长刘珍年解甲归田的时候就是唱着这首歌走的；他在离开冀中根据地奔赴冀鲁豫边区的时候，也是唱着这首歌来的。而今他又唱起了这首歌。后面的一句是他自己加的。本来他还要加上几句的，但是他觉得从脖颈到后脑勺的部位疼了一下。是突如其来的那种疼，是一闪而过的那种疼。他没在意，就想站起来，这时候又疼了一下，这回变成了钻心的晕眩的那种疼。他一下子就跌在了床上，头撞到了墙。他大喊一声："小金——"

警卫员小金跑进来了，扶起了他："司令员，你——"

"药！"马本斋嘴里吹出了一口气。

小金觉得这气里有了燥热的成分。他连忙从急救包里拿出了一小瓶药膏，跳上床，摘下马本斋的军帽，他就看到了后脖颈那个疮已经被墙撞破了，一股脓水已流了出来。小金嚷了起来："司令，破了，这土医生的药膏不管用了，去

卫生队吧，要不，就去后方医院？"

马本斋制止了小金的叫嚷，拿过小瓶来，用手指捅出来一小块药膏，自己抹上了，然后站起来，扎上腰带，戴上军帽，将手伸了过来。

司令这是要枪呢！每次司令一伸手，小金就赶紧将枪从墙上摘下来，快速地递过去。而这次，小金没动，他说："司令，去医院吧？要不我去叫军医！"

马本斋一拍桌子，大声喊道："胡闹，去什么医院？喊什么军医？不就是一个小疙瘩吗？谁还没长过小疙瘩？"这样喊着，他自己取了枪，噔噔噔跑到了院里，"走，咱们去找政委，通知大队以上的干部来司令部开会，我要亲自把这好消息传达到大队长这一层！"

还没走出司令部的院门，马本斋就咕咚一下摔倒了，小金听到了他高大的身躯摔在地上的沉重声音，他出门一看，司令员已经昏迷过去了。

他的疮口动了手术

几天里，马本斋一直昏迷着，还发着高烧。他的疮口动了手术。

马本斋后脖颈正对着嘴的那个疮，叫对口疮，中医又叫砍头疮。这虽然是一种毒性极大的疔毒，但如果及早治疗，还是可以治愈的。这个疮其实在攻打孙良城的八公桥战斗中就已经发现了。可马本斋却一直没有当回事。一次又一次的激烈战斗，加上缺医少药，马本斋又要将药品用到伤病员身上，他顾不上这个小小的疮。他常笑着对同志们说："我打了这么多次仗，有时候军服上都被子弹打成筛子眼，可敌人还是不能动我一根毫毛，放心吧，这小小的疙瘩奈何不了我！"

马本斋一直不让小金告诉政委和同志们。他就一直忍着，有时候疼得难受了，他就让当地的土医生给抹点儿药膏。直到他最后昏迷的那一刻，他还在靠药膏止疼。

可是这药膏耽误了马本斋的病。他的对口疮已经十分严重了。小金瞒不住了，赶紧报告给了张同钰政委。张政委和政治部刘世昌主任立即把他送到了卫生队，他这才接受李医生给他手术治疗。

马本斋同意了，可李医生却为难了。由于战斗频繁，伤病员太多，医药消耗太大，回民支队的麻药已经用完一个星期了。敌人封锁得紧，现在还没有补充上。

在支队卫生队的病床上，李医生轻轻地对马本斋说："马司令，你的疮必须割掉，一刻也不能耽误了，但现在支队里已经没有麻药了，疼得厉害，你能挺住吗？"

马本斋笑了："三国时关云长刮骨疗毒，也没有麻醉药，可是人家一边开刀，一边下棋。我一个毛主席领导的八路军干部，难道还怕疼吗？哈，你放心大胆地开刀吧！"

马本斋的坚强就这样传到了李医生身上，她果断地拿起了手术刀。

手术进行得很艰难，用了很长时间。手术过后，马本斋开始发烧，一直处于昏迷状态。

政委张同钰来到了马本斋的病房。他看着头部缠着绷带的马本斋，给他披了披被子，把李医生叫到了外屋，轻声问："司令员的病到底严重不严重？"

李医生叹口气，眼睛游移着，望了望政委，又望了望里屋的马本斋，最后下决心说："张政委，马司令情况不大好。他的疮毒已经扩散到了脑髓和骨髓，并且已经转化为急性肺炎，现在高烧到四十度才昏迷的。他的病治晚了。如果转移到军区后方医院，或许还有一线希望。"

"那延安，他是去不了了？我这就请示杨得志司令员，尽快将马司令转移到冀鲁豫边区后方医院，救马司令要紧。"张政委果断地说。

咱们的祖国就叫中国

马本斋醒了。他是在孩子们说话声中醒来的。他困难地睁开眼睛，眼皮像粘了糨糊一样。但他一睁开眼睛，就是清醒的。他看见了妻子孙淑芳和女儿国志、儿子国超，他吃力地说："你……你们怎么来了？"

孙淑芳红着眼睛说："这么大的事情我能不来吗？是张政委把我们接来的。本来我不想带两个孩子来，可是他们哭着闹着非得来看爸爸，他们说好久没有看到爸爸了，我看不了他们可怜巴巴的样子，就把他们都带来了。看来我带他们来，是来对了，你……"

"我……我没什么。我这不是很好吗？"马本斋握住了妻子的手，"淑芳，这些年，你跟着我辛苦了，做我马本斋的女人不容易啊！"

淑芳的泪忍不住了，哗哗流了下来，像子牙河的水怎么也止不住：“不许说这个，在我的心里，你是丈夫，更是大英雄，一直是。这辈子能和你一起吃苦受累，淑芳愿意！你看我们的孩子，都长大了！来，国志，国超，你们不是想爸爸了吗？来和爸爸说说话吧！"

"爸爸，你头还疼吗？"国志懂事地凑上前去，小手轻轻地摸着马本斋的头。国超瞪着圆溜溜的眼睛没说话，只是从头到脚不停地看着马本斋。

"不疼了，早就不疼了，爸爸的头硬实着呢！"马本斋冲女儿笑着，"爸爸是八路军战士，是共产党员，这点儿疼不算什么！"

"爸爸真坚强，"国志将小脸贴在了马本斋的头上，"爸爸，你的头好热。要是疼，你就用力攥攥我的手吧，攥着我的手就不疼了！"

马本斋真的就攥住了女儿的手，他说：“国志真懂事，爸爸问你，你长大之后干什么呀？"

"我长大了要当八路军医生，像李阿姨一样治好爸爸的病，不让爸爸头疼！"

"哈，真有志气！爸爸支持你，"马本斋说着，又把国超的手拉住，"国超，你说说，你长大后干什么啊？"

"我也当八路军，"四岁的国超用稚嫩的声音说，"我不当医生，我要扛枪打鬼子，还要缴获鬼子的王八盒子！"

"好样的！"马本斋摸着国超的小脑袋瓜，拍拍，"可等你长大了，日本鬼子早被我们打跑了！"

"那我打谁哟！"

"打一切侵略者，"马本斋喘着气说，"不过还要学文化、学知识啊！对了，国超，我上次教给你的那两个字，你还记得吗？"

"爸爸教我的字多了，哪两个？"

马本斋没有回答儿子，却对淑芳说："扶我起来，将我那支笔拿来！"

淑芳照办了。马本斋靠着床半躺半坐着，他的军棉衣滑落了半边，淑芳赶紧给他披好。

马本斋在他的战斗札记上撕下一页空白纸，拧开他的黑色钢笔，颤抖着在纸上写下了两个字：中国。

"这两个字，我说的是这两个字。"马本斋的声音有了明显的强调。

"会写了，早就会写了，"国超接过爸爸递过来的钢笔，伏在马本斋的腿上，咬着嘴唇，一笔一画地写下了"中国"两个字。那两个字歪歪扭扭的，把纸都划破了。

"好，不错，"马本斋又叫女儿，"来，国志，你也来写写看，写了就记在心里了。"

国志也写了，她比国超写得秀气漂亮。

马本斋满意地指着这两个字说："孩子们，记住，咱们的祖国就叫中国，你们长大以后，要有爱国的志向，要敢于超过小日本，超过外国，懂了吗？"

国志、国超不停地点头。

最后一个军礼

杨得志司令来看望马本斋了。他还带来了冀鲁豫军区的指示：命马本斋去军区后方医院治疗。

不能去延安了。不能去见毛主席了。马本斋放飞的心又回到了体内。病魔收回了他的心，也折断了他飞翔的翅膀。他只能在病床上想象毛主席的样子，想象着延安的样子。他其实是见过毛主席的，在一张《冀中导报》的头版上。他就顺着《冀中导报》的模糊印象想象着见到毛主席的情景。毛主席会握住我的手吗？一定会的。毛主席还会问我在冀中打鬼子的情况，我就说河间的鬼子、冀中的鬼子、冀鲁豫边区的鬼子快被我们打跑了，打垮了，我现在来保卫延安来了。毛主席还会让我去看宝塔山，去听延河的流水声，那延河比子牙河宽吗？延河水比子牙河水多吗？浪大吗？延安，革命的圣地，多少人向往的地方。可我马本斋去不了了，也许今生今世与延安无缘了。

马本斋恨不得变成大鹏鸟、变成飞机，飞到延安，飞到毛主席身边。但他知道，他的病已经很难治愈了，这次不能去延安，也许就是与领导和同志们永别了！

他有些伤感，他对杨得志司令说："杨司令，我还是要请求和同志们一起走，我马本斋和他们一起战斗了七年，我舍不得他们，我不愿意掉队啊！"这个刚强的汉子哽咽了。

"如果身体真的不允许，杨司令，你见到毛主席，见到朱总司令，见到其他中央首长之后，一定要转达我对他们的问候和敬意，就说我马本斋人不能到延安，但永远是毛主席的战士，永远跟党走！"

杨得志俯下身子，拍拍他的肩头，安慰着说："本斋同志，我一定会转达的，也希望你安心养病，好好治疗，尽快恢复健康，争取早日赶上部队，我们在延安等你。"

这时候，在杨得志司令员身后，围了一圈的人。有张同钰政委，有政治部主任刘世昌，还有二大队长马凤舞，副大队长马庆功……马本斋环顾了一下大家，望着这些并肩战斗、出生入死的战友，一字一顿地说："同志们，我不能跟大家一起同行了。你们一定要服从杨司令员的指挥，等我病好了，一定赶上部队。我们的回民支队能够去执行保卫毛主席、保卫党中央、保卫延安的任务，这是我们回民支队的光荣，符合我们整个回回民族的愿望，也是我平生的一大愿望。可是，我现在不能同你们一起去了，多遗憾啊！你们见到毛主席，也等于是我见到了，能够有……有这一天，是多么不……不容易啊！"

大家齐声说："马司令，我们在延安等你！"

马本斋的眼睛搜寻着，搜寻着："进坡，进坡呢？扶我起来！小金，去拿我的军装！"

"我一直在你身后呢，二哥！"马本斋三弟、已经成为回民支队一大队长的马进坡赶紧转到马本斋前面，和警卫员小金将他扶起来，帮他脱掉病号服，穿上了八路军军装，庄严地戴好臂章。马本斋将腿挪到地上，双手按着床，慢慢地站了起来。他的身躯站得笔直，像冀中平原上的一株白杨树，高大挺拔，伟岸魁梧。他将右手高高举起，向杨司令和同志们行了一个庄严的军礼。

那是他们见到马本斋的最后一个军礼！

那个方向，也是延安的方向！

不应让灯头这么大

杨司令带领同志们走了。根据回民支队党委的意见，李医生、杨护士留下来和孙淑芳一起照顾马本斋。同时留下的还有一个连的战士，他们要护送马本斋去后方医院。

马本斋在颠簸中醒来，他看着身前身后竟然有这么多的战士围着他，护送他。他命令担架停下，大声喊道："去，叫你们连长，叫你们连长来！"

连长从护送队伍的前列来到了马本斋的担架前。

马本斋说："我马本斋只是一个病人，一个普通的病人，不要用这么多的人护送！你们立刻回去，去追赶部队，去延安，给我留下一个班就行了！"

连长说："马司令，这是张政委的指示！"

马本斋说："你追上张政委，就说是我马本斋让你归队的，就说我说的，到延安替我多杀几个敌人吧！"

连长只得留下一个班，含泪敬礼，带着其余的人在刺骨的寒风中，踏雪追赶队伍去了。

来到冀鲁豫后方医院，马本斋的病情还是不见好转。他的病太重了。后方医院的医生会诊时发现，疮毒已经扩散到全身，毒性已归内。医书上说，毒性归内，十有九瘁……

马本斋终日不醒，高烧不退。李医生和杨护士终日守护。孙淑芳的眼睛都哭肿了。

夜深了。昏迷几天的马本斋醒来了。淑芳赶紧端过一碗水去。他喝了两口水，望着油灯，皱了皱眉。淑芳问："怎么了？哪里不舒服吗？"

马本斋嘴动了几动，想说话却没说出来。淑芳将耳朵凑上前去，听到了马本斋的喃喃细语："淑芳啊，现在根据地灾荒这么重，群众非常苦……"

淑芳说："你也够苦的了，好几天没正经吃东西了。"

马本斋摇摇头："我说的不是这个。我是说油这么贵，不应让灯头这么大。这是浪费啊！咱们是养病的，能替公家节省……节省一分，边区人民的负担就减轻……一分。你明白我的意思了吗？"

淑芳搂住了本斋，红肿的眼睛里无声地沁出了泪水，她听话地拿起一根树枝，慢慢地将灯头拨小了。

病房里暗了下来，马本斋又睡过去了。

天快亮的时候，马本斋又醒了。是呼啸的北风搅动着大雪把他吵醒的。风从寒冷的大地上将雪花卷到窗户上，风和雪花敲打着窗户想钻进屋里，跑到马本斋的病床上，把他的身体拽起来。他突然觉得浑身上下不疼了，也有了点儿精神。他挣扎一下，也恢复了些体力。试着坐起来，也没什么问题。他倚在床上，听了一会儿风声和风声中隐约掺杂的寒鸟的叫声。他长舒了一口气，觉得该写点儿什么了。他就在枕头底下摸出他还没有写完的战斗札记，就着微弱的油灯光，边回忆边写起来。写战斗札记的习惯已经保持多年了，只是由于病重，这一段时间写得有些断断续续。厚厚的札记，是他丰富的战斗经历和人生经历的总结，是他烽火岁月的见证，是他抗日足迹的梳理。

随着他的笔，他的回忆，马本斋的整个人生又活了起来。

第 二 章

大雁大雁一般齐

马本斋的人生回到了 1902 年的河北献县东辛庄。

东辛庄坐落于子牙河北岸的盐碱地上，是冀中平原一个较大的村子。这里的人们热情侠义、团结聚群，多年来围绕子牙河，环水而居。当子牙河平静流淌的时候，河水像一条玉带一样缠绕着五百多户人家，美丽安详。冀中平原上独特的黄土坯的农家小屋，星罗棋布，布满了河湾。屋前房后，椿树榆树点缀其间，枣树槐树蓬勃生长。尤其是子牙河十里长堤上，垂柳依依，风吹过来，枝条摆动，像走在河畔的农家少女扭动着柔软的身子，给子牙河增添了美丽的风景。调皮的顽童，为看风景，常常爬到屋顶上，向村人大声吆喝：

"看，远方，有几只大雁飞过来了。大雁大雁一般齐，后头落下你小姨，打头的换换啵——"

顽童手舞足蹈的倒影在清真寺前面的天然小湖里清晰可

辨，他们的吆喝声清脆悦耳，搅动得湖水泛起了水花。清真寺的阿訇被惊动了，他手搭凉棚看了一会儿大雁，大声地对屋顶上的顽童喊："马本斋，该回家吃饭了，你赶紧下来，别摔着！"

被唤作马本斋的顽童就听话地下来了，来到了天然小湖边。小湖把村庄又分为两部分，湖东是东辛庄，湖西是西辛庄。中间有一座木制的小桥连接。马本斋蹦跳着走过木桥，一直向东，再向南拐，走进了村东南边三间土坯房屋里。那就是马本斋的家了。

马本斋出生在冬天，是1902年农历大年初三的早晨。那一年，冬天的子牙河很早就停止了欢唱和流淌。那一年，东辛庄冬天多雪，比子牙河畔的芦苇花还大的雪花在东辛庄飘了三天。子牙河冰冻三尺，东辛庄成了一个白皑皑的世界。雪花飘舞中，马本斋来到了这个世界。

马本斋的父亲马永长从雪地里跑回家，听到了儿子洪亮的哭啼声，顾不得拍打身上的雪花，就从外屋一下子冲到了里屋，不顾接生婆的劝阻，俯下身子就要抱儿子。妻子白文冠用微弱的声音说："他爹，先歇歇吧，别让寒气惊了孩子。"

马永长这才站起来，背过身去，搓着手哈着气说："哈，我马永长连添贵子，连添贵子，这是好日子的兆头啊——"

第二天，马永长迫不及待地跑到了清真寺，请阿訇给新生儿取了个经名——尤素夫·马本斋，字守清。

马永长生来就是个乐天派。尽管生活贫穷，但他整天都笑呵呵的。家里种着几亩薄田，一大家子丰年时还能糊口，等到子牙河发洪水或者干旱无水的时候，地里歉收，他只能到口外谋生。有时候炸油香卖，有时候放马，来赚钱贴补这个贫穷的家。马永长干活精心实诚，心眼好，到哪里都能结交下朋友。有一次从口外回来，急匆匆地往家赶，途经河间地面，却赶上大雨。那雨将回家的路都泡软了，软得像面条。马永长推着小推车，车上的包裹行李都淋湿了。他不想找避雨的地方，只想尽快回家见到爹娘。可却被一个人挡住了归路。那是个老人，外出回家时滑倒摔伤了，自己爬不起来，独自在雨中呻吟。马永长把老人抱上小推车，问清了老人的家庭住址，然后在泥泞中艰难地将老人送回了家。

谁承想，这件小事却成就了马永长的婚事。被救的那位老人，为感恩马永长，把自己的孙女白文冠许配给了他。白文冠的爷爷住在直隶河间县城白狮子街，是位三代祖传的老中医。那次老人是去乡下行医，突遇大雨滑倒摔伤的。

十九岁的白文冠就成了马永长的新嫁娘。

白文冠嫁到马家，勤俭持家，为马永长生了三个儿子。老大马守朋，老二马本斋，老三马进坡。

穷孩子头儿

按白文冠自己的话说，甭小看俺，俺也是个识字的人。马永长常年出门在外，教育儿子的重任就落在了白文冠的肩上。

白文冠的字其实是跟着她的五妹妹学的。白爷爷是个土中医，但对英国传教士在河间开办的教会学校却很感兴趣。他常说："女子读书，胜过男子汉大丈夫！"他就让儿子白景奎将五女儿送进了免费的教会学校。"小五儿"从学校回来，就给姐姐白文冠讲学校的新鲜事，还把自己从洋学堂学来的知识教给姐姐。就这样，白文冠成了识字的人。

白文冠就把她识的字和懂得的道理传授给了孩子们。她教给孩子们写辛亥革命，写改朝换代，写耕者有其田……她给孩子们讲苏武牧羊、岳母刺字、木兰从军的故事。她常常抚摸着马本斋的背说："孩子啊，咱背要直，心要正，要乐于助人，不要损人利己，人穷志不可短，你长大了要为咱穷人争口气呀！"

1912 年，中华民国成立；清帝退位。十岁的马本斋来到了穆斯林学堂上学。这学堂原本是"马、哈"两姓财主家办的私塾，以前收的都是有钱人家的子弟，如今，像马本斋这样的穷孩子交一吊钱的学费，就可以与有钱子弟平起平坐、一起读书了。

学堂的教书先生名叫哈二，是个秀才，曾经在河间府当过师爷。后来失业，回到东辛庄教书。但是他仍然身穿长衫，后脑勺拖着辫子，老古董一样很滑稽地站在学堂门口迎接学生们的到来。见到白文冠和马本斋走到跟前，哈二两手作揖，说道："连成婶子，你看看，日月换了新天，才有你送令郎本斋来学堂上学的日子，鄙人欢迎啊。"

马永长的别名连成，连成婶子就成了白文冠的别名。这时候，被叫作连成婶子的白文冠把马本斋的手亲自送到哈二先生的手里，行了个礼，说："哈先生，你以后多费心了。"

哈二摸了摸马本斋的头，说："本斋这小葫芦脑瓜儿圆乎乎的，一看就聪明，能收到这样的学生实乃三生有幸，你放心吧。"

素雅端正的白文冠将戴着白色头巾的头朝向儿子，说："本斋啊，破皇池，废科举，兴民国，兴学堂了，你可要好好读书，给咱穷人争口气啊。"

小本斋望着母亲，扯了扯哈二的长衫和辫子，望着天空点了点头。天空飞来一群大雁，飞过屋顶，那是马本斋常爬上去的地方。

时光在马本斋仰望雁阵和琅琅书声里悄悄流逝，转眼马本斋在学堂读书已经三年了。三年来，他除了熟读哈二先生教授的《三字经》《千字文》《弟子规》《幼学琼林》等启蒙读物，还闲读了《水浒传》《三国演义》。他对水浒英雄、三国人物特别崇拜，梦想有一天能够横刀立马驰骋疆场，为国立功。

他经常把水浒和三国中的故事讲给小伙伴们听，因此他的身边集聚了十几个穷人子弟，他们互相帮助，一起复习功课，一起舞舞拳脚啥的，还一起做做好事。村里的穷苦老人，谁家的水缸没水了，马本斋就和小伙伴给老人抬水；哪个小伙伴受到欺负了，马本斋就带人一起对抗那些仗势欺人的有钱子弟。

那时候，他成了"穷孩子头儿"。

到外面的天空飞翔

期中考试结束后，哈二先生突然找上门来。他揪着马本斋的耳朵，把他拽进院子里，大声嚷道："连成婶子，本斋长出息了，我教不了了，给你送回来了。"

听到哈二变了调儿的声音，白文冠和马永长从屋里跑出来，一起连声问："怎么啦？怎么啦？发生什么事了？"

哈二松开本斋，把长衫一抖，辫子一甩，鼻子不是鼻子，脸不是脸地说："你让他自己交代！"

本斋快步走到母亲跟前，摸着耳朵狠狠地瞪着哈二，不说话。

白文冠摸了摸儿子发红的耳朵，柔声说："本斋，你说，你怎么惹老师生气了？"

马本斋开口道："先生让我们默写《增广贤文》，我们就默写了。"

"你说什么？你再狡辩？你们默写的是《增广贤文》吗？《增广贤文》是圣书，你也敢改？"哈二厉声斥责马本斋，说完，他喘了口气，接着说道："连成婶子，书上原文是'君子固穷，小人穷斯滥矣。贫穷自在，富贵多忧'。我收上来三十二个人的试卷，发现有二十一个人把'贫穷自在，富贵多忧'改成了'富贵自在，贫穷多忧'。我一查，合着是马本斋撺掇同学改的。"

马永长在一旁劝道:"哈先生,先不要动怒。我问问我儿为何要改。"

马本斋回道:"爹,娘,我觉得原文不公道。圣书没有错,但是现在,我们村的穷人,吃不饱,穿不暖,一点都不'自在',所以贫穷是多忧的。"

白文冠一下子就了解了儿子的悲悯之心,儿子这是在为穷人鸣不平呢!

于是她攥住儿子的手,对哈二先生说:"哈先生,看来我儿这几年的书没有白念,他明辨了是非。我儿没错。我儿改得好。当初是我把本斋送到你手上的,现在,我替我儿声明一下:从今天起,本斋不去学堂读书了。哈先生请便吧——"

哈先生被白文冠的一番话气得连吹胡子带瞪眼睛的,一甩袖子,走了。

自此,马本斋告别了学堂。

1919 年,原本常发洪水的河间地面却遭遇了大旱,子牙河干得见了底儿。为了生存,十七岁的马本斋随父亲马永长外出做工,踏上了走西口的路,去谋求生计。在口外,他们炸过油条,给人放过马。"贩马贩马,四海为家",这期间,他奔走于大草原和京、津、冀、鲁之间,开阔了视野,增长了见识。马本斋在生活的磨难中逐渐长大成人了。

他要学天上的大雁,开始到外面的天空飞翔了。

第 三 章

神枪手棚长

1921年冬天，东北军张宗昌的军营里，一个高大威猛、嗓音洪亮、狠劲儿十足的新战士成了令人瞩目的人物。

那个人就是马本斋。

马本斋是跟着他的好朋友刘沛然一起来奉天投奔刘珍年的队伍的。刘沛然是刘珍年的侄子，那时候刘珍年在张宗昌的手下当师长。刘沛然是马本斋在内蒙古牧马的时候认识的一个巡警。

那一年，马本斋和父亲马永长给一个贩马的商人赶马，在内蒙古大草原去山东赶马的途中，几十匹马被土匪劫走了，父子俩紧追不放，最后马没追回来，父亲却被土匪打伤了。马本斋无奈之下求助于官府，巡警刘沛然对马本斋父子的遭遇很是同情，曾经组织人去寻找马匹，也没有结果。刘沛然先是派人把马永长送回献县老家，然后脱下黑色巡警服，带着马本斋来到了军营。

刘沛然因为有巡警的经验，一进军营就被叔叔刘珍年提拔为五连连副。马本斋被分到张进财手下当了一名新兵。

马本斋穿着新军装去张进财连里报到。

报到那天，马本斋看到张进财在用皮鞭抽打一个士兵。那个士兵满身是血，已经奄奄一息了。周围围观的士兵没有一个上前劝阻。马本斋看不下去了，走上前说："长官，您不能再抽他了，再抽他就没命了。"

张进财把眼一瞪，停下手中的鞭子，说："小子，你知道他犯了什么事吗？逃兵！应该打死他。"

马本斋继续说："还要抽他多少鞭子，我替他挨了。"

张进财不由得一怔，说道："好呀，新来的是一个不怕死的。"话没落，鞭子就高高地向马本斋甩过来了。

马本斋一声不吭地替那个士兵受罚。张进财数完鞭子数，骂骂咧咧地走了。众人一哄而散。马本斋强忍着疼痛，给受伤的士兵解开绳索，扶他去包扎上药，细心地照料他。

原来张进财是张宗昌的心腹，与师长刘珍年面和心不和。听说马本斋调到他的连，以为是刘珍年派来监视他的，就想借惩罚逃兵给马本斋一个下马威，没想到马本斋却救了那个士兵。

军营的生活是艰苦的，在军营里，马本斋和士兵和谐相处。他乐于助人，大家都很喜欢他。他勤奋用功，许多方面都有很大进步，唯独枪法是个弱项，总是受到张进财的刁难。在一次枪法考核中，马本斋连发三枪，一枪未中。张进财见状哈哈大笑，踹了马本斋一脚，说："你不是挺能的吗？这次怎么不出风头了？你瞧瞧你打到哪儿去了？你还有脸吃饭？吃鸭蛋吧！"

马本斋怔在练靶场，把手中的枪攥得嘎巴嘎巴响。这时，他救助过的士兵于华龙走过来说："本斋，所有神枪手都是经过专业训练的。你来的时间短，枪法不好是正常的。不怕，我教你练！"

在于华龙的指点帮助下，马本斋的枪法进步神速。一想到张进财丑恶的嘴脸，马本斋就逼迫自己更加刻苦地练习，别人玩乐时，他在练枪法；别人休息时，他还在练枪法。他把枪擦得油光闪亮，有空就琢磨射击要领。东北的冬天异常寒冷，他经常趴在地上一练就是几个小时。苦练了一段时间，他的枪法进步神速。那时候，白天他能打掉树上的一串串冰锥锥，晚上他能摸黑打掉朵朵灯花了。

一次，军长张宗昌在刘珍年的陪同下来到张进财的连部检阅。一路上，张宗昌一个劲地夸张进财有才能，带兵带得好。站在士兵们面前，张宗昌问："这么多士兵，有没有神枪手啊？"

张进财小心翼翼地说："他们都是新兵蛋子，没有枪法好的。"

刘沛然站出来说："报告军长，马本斋枪法好。"

"我都没发现，你咋知道？"张进财瞪了刘沛然一眼，喊道："马本斋，出列！"

马本斋上前几步，扛枪出列。刘沛然从衣兜里掏出一枚铜钱儿朝空中抛去，说时迟那时快，大家盯着铜钱儿在空中抛出美丽弧线的时候，马本斋已经举枪射击，子弹出膛，电光火石一样飞向铜钱，从铜钱眼儿里穿了出去——

"嗷——"

"嗷——"

士兵们一边拍手叫好，一边叫喊着马本斋的名字。

马本斋敬了个军礼，又回到了队列中间。

张宗昌看到这一切，对身后的刘珍年说："后生可畏，后生可畏啊！珍年，给我个面子，我看这小子还行，以后给他弄个棚长、排长的干干，好好带带，没准哪会儿就派上用场了。"

这年冬天，马本斋被提升为棚长（即班长）。不久，马本斋调到刘沛然所在的五连"二棚"，当棚长。

东北讲武堂的穷人军官

从当兵那天起，马本斋就发誓，要为实现"五族共和"而奋斗，拿枪杆子的就应当为国为民，就应该拯救百姓于水火。

这年初秋，又到了为军营筹粮的时候，那时军营供养都是依靠当地的有钱财主，他们管这个叫"吃大户"。那次，五连长派马本斋带二棚的兵士去豹子沟"吃大户"。

在豹子沟，兵士们连哄带吓，从地主财主那里"要"到了两大车粮食，为避免节外生枝，他们紧急行军，想赶在天黑前押粮回军营。

兵士们有在前面开道的，有在后面护送的，一行人马穿过村子时，惊动了村子的老百姓。老百姓看见士兵们走过来，却不躲避，而是眼巴巴地盯着大车上的粮食，盯得眼里都冒了火。马本斋甚至都看到了路边的几个面黄肌瘦的老人喉结在上下抖动，还有几个儿童追着大车狂喊："粮食，粮食。"

马本斋低下了头，他命令队伍快速离开村子。可在粮车就要走上大道的时候，马本斋却对兵士们低声命令："回去。"

他们给村里的老百姓卸下一车的粮食。

回到军营，连长看到满满一大车的粮食，觉得二棚出去一趟就搞到一车粮食，任务完成得还不错，就在连里夸奖了马本斋。可是，不到一个星期，马本斋把另一车粮食分给老百姓的事就已经传开了，连长也听到了一些风言风语，但为应付上面，笼络下面，在全连训斥了马本斋一通。雷声大雨点小，这件事就这样过去了。

马本斋知道，他那次分粮给穷苦百姓而没有被军法处置，多亏刘沛然在暗中帮忙。刘沛然把他叫到连部，小声地说："好兄弟，你上次分粮给穷人做得对。只是今后要小心。这是部队，违反军纪可是要军法处置的。"

马本斋梗着脖子说："为啥军法处置？咱军队是干啥的？就是保护国家和老百姓的，俺把大户的粮食分给老百姓，没错!"

刘沛然笑了,他说:"对,正因为你正派,正义,有爱兵爱民之心,团部决定提升你为排长;我叔叔看你有胆有识,脑子灵活,觉得你可堪造就,决定推荐你去东北讲武堂深造。"

马本斋兴奋地抱起刘沛然,转了几圈,大声地说:"刘大哥,真太好了,真是太好了!"马本斋的声音这时大得惊人,把连部的屋顶都震得嗡嗡作响。

马本斋坐上了开往沈阳的火车。在火车上,他凝视着窗外一闪而过的祖国山河,他的心情是喜悦激动的,他对讲武堂充满了神往。他不由得想象着:讲武堂到底是什么样?是像哈二的私塾一样吗?是像保定军官学堂一样吗?他从刘沛然的口中听到过,袁世凯当皇帝那阵子,保定府有一个陆军行营军官学堂,蒋总司令就是在这个学堂毕业的,师长刘珍年也是从那个学堂毕业的。军官学堂是出大人物的地方,是出军事人才的地方,我一定要珍惜这次机会,学点儿真本事,将来也成为一个大人物,为咱穷人争口气,为东辛庄争口气!

报到以后,马本斋才知道,东北陆军讲武堂比黄埔军校还要早,是奉系军阀的军官学校,号称东北军的北大营。当年张学良初出茅庐,被张作霖送进了第一期炮兵科学习,现在是第三期了,人家张学良已经成为少帅,成为讲武堂的监督。如今,马本斋也穿上了笔挺的军官服,站在庄严气派的讲武堂前,瞩望着操场旗杆上那面象征"五族共和"的红黄蓝白黑的旗子,他的心飞到了遥远的家乡,他又看到了清真寺上空的那群鸣叫飞过的大雁。

"大雁大雁一般齐，后头落下你小姨，打头的换换啵——"他觉得他离自己的梦想越来越近了。

第三期学员共有三百九十一人，马本斋被编入了第三期学员班。讲武堂的学员大都是权贵子弟和攀附权贵之人，像马本斋这样直接由保送而来、无家庭背景的寥寥无几，而来自农村、老实巴交、出身穷人的只有马本斋自己。

在军校学习期间的日子是孤独的，那些权贵子弟瞧不上马本斋，马本斋也瞧不起他们。他默默地在心里说，咱们在训练场见，咱们以后在战场上见。每到星期天，那些权贵子弟都去串门、打牌、听戏、喝酒下馆子了，可马本斋却在操场的五色旗下认真研读《兵器学》《战术概则》《论带兵法》。在所有教材中，他尤其喜欢那本《火炮学》。他想：清政府的大门就是让外国列强的火炮轰开的，我们要是那时候也有这么大威力的火炮，一定能够阻挡住他们的侵略的。

山本敬文赠军刀

马本斋的刻苦学习和强化训练得到了山本敬文的青睐。

讲武堂是参照日本士官学校的格局办的，教官也大部分是被张作霖聘请来的日本军官。第三期学员班的总教官是山本敬文，副教官是猪谷一雄。他们制定的训练是苛刻的，甚至是残酷的。那些权贵子弟懒散惯了，本来就是想来讲武堂镀金的，哪里能够经受这样艰苦的训练呢？

有两次训练，马本斋给山本留下了深刻的印象。

一次是战术演练。那是一个雨后的下午，山本突然集合学员，要求大家进行翻越障碍训练。在翻越障碍之前，训练场地要经过一个很大的泥坑。所有的士兵都绕道而行。轮到马本斋的时候，他来到泥坑前，毫不犹豫扑通一声伏下了高大的身躯，泥水被溅得很远，甚至溅到了山本和猪谷的身上。猪谷掏出了毛巾擦拭着泥水，山本一动不动，紧盯着马本斋。马本斋在泥水里匍匐前进，一步一步毫不含糊，泥水浸湿了、弄脏了他的崭新的军服。过了泥坑，他猛地站立起来，提枪向前面的障碍冲去。

另一次是擒拿格斗训练。猪谷一雄是摔跤高手，在训练馆里，他把一组十几个学员统统摔倒了，他还把一只脚踩在最后一个学员的背上，好长时间不下来，大家听到了那个学员背上的骨头几乎断裂的声音。马本斋看到猪谷一雄嘴角上轻蔑的笑容，他一下子冲了上去，将猪谷拽了一个趔趄，然后说道："猪谷教官，教我来训练吧！"。

猪谷一雄嘴角翘了一下，又翘了一下，然后做了个请的姿势。再然后，他就迅即展开了攻势。只见他左腿上前，右腿迅速跟进，两拳砸向马本斋脑袋两侧；马本斋低头躲闪，然后又用左手迅速抓住猪谷来不及收回的右臂，用力拖住猪谷，右手变拳，朝猪谷腹部连砸几下；猪谷奋力反击，右脚踹向马本斋左腿，又使出砍肋袭胸、缠腕冲拳、上架探砍等招数，但都被马本斋一一化解。猪谷这时已经气喘吁吁了，马本斋瞅准机会抱住猪谷右腿，向后一带，左腿向其下方猛踢，猪谷啪地摔倒了；但他一个鲤鱼打挺又站了起来，马本斋趁他没站稳，一个过肩摔把猪谷重新摔倒在地，然后死死把猪谷踩在脚下。

冷眼观看这一切的山本教官轻轻地说道："好了，到此为止吧。"然后问道，"马本斋，你功夫不错，你是哪里人？"

"河间府献县人氏，离沧州不远。"马本斋回答道。

"武术之乡来的？"山本和猪谷同时嘟囔道，然后对视了一下。

不久就是毕业考试，马本斋凭着过硬的训练技术和熟练的军事理论获得了第一名，被提升为连长。

毕业典礼后，山本把马本斋叫到教官室，说道："本斋君，我关注你很久了，你是一个全面人才，现在有一个机会，我想推荐你去日本陆军士官学校学习，你可愿意？"

马本斋清楚地知道：一直以来，日本人都在利用讲武堂进行奴化教育，培植亲日力量。他一直盼望着能够尽快毕业，早日回到部队，走上自己的理想之路，所以他坚决地拒绝了山本的邀请："山本教官，谢谢了，学生家有老父老母，不能远游！"

"哈哈哈，"山本从墙上取下挂着的军刀，双手捧着递到了马本斋的面前，说："本斋君，这是跟随我多年的一把军刀，送给你留作纪念吧。军刀作证，让我们师生永远亲善下去吧，本斋君，后会有期。"

马本斋接过军刀，微微鞠躬，也说了声"后会有期"，转身走出了教官室。

他看到了一片明净的天空，从讲武堂一直伸向无限的辽远。

上 校 团 长

1924年9月，马本斋回到部队，人事、局势都发生了很大的变化。

刘沛然因为言行激进，被定为有碍军心的嫌疑分子，早已被张宗昌秘密拘捕。

适值第二次"直奉战争"爆发。张宗昌败走大连，刘珍年转而支持国民革命军，脱离了张宗昌，成为胶东防御总指挥。马本斋被任命为担负后勤运输的"杠子营"营长。不久，马本斋的三弟马进坡从老家来到山东，跟随马本斋参加了革命。

张宗昌一直计划着要夺回胶东，所以联络了散在各地的势力，差不多有四万人，而且还勾结上了日本人。找日本人做靠山，为他们出钱、出枪，就是想打败刘珍年，抢回自己的地盘。那时候，刘珍年虽然号称一个军，但还不到万人，实力悬殊。

1929年，张宗昌在日本人的支持下，纠集四万余人在胶东龙口登陆，刘珍年由于寡不敌众，不得不放弃烟台，退守牟平。张宗昌穷追猛打，一刻也不肯停息，率军完成了对牟平的合围。而马本斋一路出谋划策，暂时守住了牟平。

这天，刘珍年找来马本斋商量对策，刘珍年对马本斋说："守清，这几天你辛苦了，牟平能守下来，我给你记头功。张宗昌以为靠他那些乌合之众就能夺回胶东，那是痴人说梦。我们人虽少，但是顺应民心，只要你守住牟平，张宗昌围久必乱。"

马本斋挺直腰板说："师长放心，对张宗昌，我们一定会狠狠地打，让他永远爬不起来。"

刘珍年继续说："守清啊，我们要打起革命军的旗帜，让每个战士都戴上革命军的红领带，我们是革命军打军阀呀！"

马本斋说："我都准备好了，请放心。"

刘珍年打着革命军的旗号，就是南京蒋介石的麾下。刘珍年和蒋介石是保定学校的同窗，这次被围，刘珍年向南京求救，以为必有救兵。可南京发回的消息却说："珍年兄，顷闻噩讯，张宗昌重蹈胶东，破坏革命，本人痛恨不已，然，远水不能救近渴，坚信吾兄雄才大略，兵强将勇，定能将张部痛歼于牟平。"气得刘珍年好久也缓不过劲来。

马本斋劝说道："师长，姓蒋的不是好人，他巴不得我们和张宗昌两败俱伤，他好一口吞下胶东。"

刘珍年着急地说："张宗昌一直在围困我们，我们伤亡很重，弹药也快没有了，城内人心浮动啊！"

马本斋思考片刻，继续说："师长，我有个想法。我们现在被困，只要能神不知鬼不觉地打开一个缺口，杀张宗昌一个措手不及，我们的胜算就很大了。"

刘珍年想了想说："话是这样说，可是怎样才能打开这个缺口呢？"

马本斋解释道："师长，张宗昌部驻守在东面的指挥官是你以前的年副官，而且一直对你十分敬重，我想今夜去会会他，看看他能不能倒戈。"

刘珍年仿佛看到了一丝希望，嘱咐马本斋说："好，但是你一定要注意安全。"

趁着天黑，马本斋偷偷地出城，混进了年副官的军营中，找到了年副官。年副官不解地问道："守清，这两军阵前，你这是？"

马本斋坐下说："年兄，我不怕死，况且，与年兄的交情，你也不会杀我。咱们长话短说，刘师长让我带来歉意，你跟师长这么多年，关照不佳，让年兄你受委屈了。这是五万两银票，请收好。"

马本斋这番话弄得年副官手足无措，急忙说："这从何说起？"

马本斋说："刘师长知道，你跟从张宗昌也是一时受蒙蔽啊。论你和师长的交情，和兄弟们生里死里拼过的分儿上，你不会让兄弟们命丧牟平吧？这银票，实不相瞒，是城里的兄弟们凑的，只想请年兄借个道。"

马本斋将计划给年副官说后，年副官考虑了好一会儿，就答应了，并将银票退还给马本斋，说："我早就看不惯张宗昌的军阀作风，要是能和你们一起将他扳倒，岂不快哉？这银票，就太见外了。"

就这样，刘珍年的部队按计划行事，趁着夜色从城里倾巢出动，借用年副官的道，来到张宗昌指挥部的后面，将其包围，一顿痛打。

听到枪响的张宗昌还未反应过来，大声吼道："这是怎么回事，哪里来的军队？"

张宗昌的亲信张进财急匆匆地跑过来说："司令，不好了，刘珍年打着革命军的旗帜，喊着革命军的口号来了。司令，快撤吧，再不走，就来不及啦！"

张宗昌这时也没了应对之策，只一个劲地喊："撤，快撤，快撤。"

就这样，刘珍年的军队乘胜追击，大获全胜，赶走了张宗昌，乱枪打死了张进财，稳稳地守住了胶东。而马本斋因为这次牟平之战，献策有功，也升职做了上校团长。

刘珍年十分高兴，大摆庆功宴，犒劳士兵。

蒋介石也派来特派员向刘珍年祝捷，并带来了委任状，正式任命刘珍年为国民革命军暂编第21师师长兼胶东防御总指挥。

剿匪遇女侠

刘珍年站稳胶东后，胶东出现了新气象，税赋也有所减免，老百姓的生活稍微好过了一点，城里也越来越热闹了。但是仍有一些地方匪情严重，扰得一方百姓不得安宁，于是刘珍年决心彻底剿匪。

他把马本斋叫到了他的指挥部，对马本斋说："守清啊，记得你以前跟我提过剿匪的事，我认真考虑过了，现在是到了非解决不可的时候了。铲除匪患，咱们在胶东才能更得民心，脚跟才可以站得更稳。"

马本斋高兴地说："是啊，师长。老百姓也常说：坐山的土匪，走马的兵，兵干不过匪，匪不怕兵。我就是想和这些土匪比试比试，非把他们打怕了不可！"

"所以嘛，我今天把你叫来，就是想听一听你的高见。"刘珍年边说边坐了下来。

马本斋说："师长，高见算不上，剿匪的事我已经考虑好多年了。凡物必有其固，这么多年，土匪们把胶东百姓搞得苦不堪言，细究其因，就是剿匪不力。"

刘珍年感叹说："说的是啊，谁愿为剿匪消耗自己的军力、财力？匪患轻了就睁一只眼闭一只眼，匪患重了，就象征性地剿一下，向上面骗点银两。"

马本斋坐下来说："现在的问题就是出在这儿，剿匪如果不彻底，就会死灰复燃，其罪在张宗昌。他不是在剿匪，而是在养匪，他借剿匪又吃了很多老百姓的派捐。所以，我们这次剿匪，一定要彻底把胶东地面的土匪连根拔起。"

刘珍年点点头说："正合我意。那这件事，还是由你干，好歹我们现在是中央革命军了，你可要在这个地面上给我挣个好名声。"

马本斋站起来，向刘珍年敬个礼说："是，请师长放心。"

就这样，马本斋带着自己的部队声势浩大地剿起匪来。

他们第一个开刀的就是出名的柳林霸。这个柳林霸，先前和张宗昌勾结，官护着匪，匪连着官，搞得民不聊生。

马本斋带领士兵是趁着天黑逼近柳林霸的匪寨的。之前，他做了大量的摸底调查工作。搞侦察，找内线，摸情况，定计划，一步步山上搜寻，终于找到了他们的下落，并且迅速地包围了柳林霸的匪窝。

马本斋发起了进攻。几声炮响，柳林霸从梦中惊醒，他连外衣都顾不上穿，就拿起床边的枪跑出去，正和来报信的人撞了个满怀。

"柳爷，不好了，刘珍年的人打进来了，怎么办？"

柳林霸吐了一口唾沫说："他娘的，想办法冲出去，快。"说完，就往外窜去。

这个柳林霸很狡猾，匪徒们在前面抵抗，他自己却悄悄地逃了。

马本斋发现后，对他穷追不舍。没想到柳林霸狗急跳墙，翻墙进了一个院子，将这户人家的老伯给劫持了。马本斋带着一群士兵冲进来，将柳林霸围住。柳林霸见状，用枪指着人质的头说："马本斋，我们井水不犯河水，你今天放我一条生路，要多少钱，开个价吧。"

这时马本斋看到柳林霸的身后出现了一个年轻的姑娘，看样子像是这户人家的女儿。马本斋心中担心姑娘再受害，就对柳林霸说："要想活命，你拿出五千两银票来！"

柳林霸说："五千太多，三千！"

"三千不行，四千！"

马本斋的讨价还价，给那姑娘赢得了时间。只见那姑娘一个箭步上前，端起手中的圆形笸箩快速罩在了柳林霸的头上。

柳林霸一时失去了方向。

说时迟那时快，马本斋迅速上前将柳林霸摁倒在地，下了他的枪。士兵们干净利落地绑走了柳林霸。

姑娘扶起那老伯说："爹，你没事吧？"

老伯说："淑芳，我没事，快谢谢这位长官！"

被称作淑芳的姑娘苍白的脸上现出一朵朵红晕，开口道："长官，谢谢您救了我爹——"

马本斋说："哈，应该谢谢你啊，勇敢的女侠！"

"老伯，还有这位女侠，我叫马本斋，国民革命军暂编第 21 师上校团长，我们正在大规模剿匪，你们住在这里不安全，还是转移到安全的地方暂时躲避一下吧。"马本斋又说。

老伯说："兵荒马乱的，哪里也不安全啊。"

马本斋沉吟片刻，说道："这样吧，你们去沧州吧，那是我的老家，那里还太平些。"

当下，淑芳与爹爹同意去沧州。马本斋就让马进坡派人将淑芳父女护送去了沧州献县老家。

初战告捷之后，马本斋又乘胜剿灭了其他几股土匪。

男儿空有凌云志

剿匪结束后，蒋介石派来的特派员打着国民党代表的旗号，在21师上蹿下跳，搜捕共产党，一刻也不消停。

刘珍年暗中调查得知，部队里确实有共产党。他虽然和共产党没什么交情，但他从被抓捕的刘沛然身上看出了共产党有热血，有能力，敢担当，非常佩服他们，敬佩他们，所以刘珍年连夜叫来马本斋，将暴露身份的七个共产党员全部秘密转移了。当然，刘珍年没有告诉马本斋这七个人的真实身份。

特派员抓捕扑空以后，竟然致电蒋介石，诬告刘珍年有通共嫌疑。

这一天，刘珍年把马本斋叫到师部，递给他一份密电，上面写着："你部调防浙江，速来南京面洽。"

马本斋看完电文，联想到近来接连发生的一系列事件，他预感到这个21师未来的命运不妙："师长，师长……"

他欲言又止。

刘珍年拍着桌子嚷道："本斋，我们这21师已经不是原来的21师了。这里混进了特务。那个特派员李恒华，他就是个特务头，这家伙密通南京，告我师有共产党，老蒋让他在我师剿共。我才叫你转移了那几个人的。他们都是年轻有为的军官啊。"

马本斋听了刘珍年的话，气愤地说："这世道好人难做，军阀混战，弄得国弱民穷，官匪一家，百姓苦不堪言。咱21师任用有为青年，给国家和老百姓办了点儿好事，他们还百般阻挠，千方百计想把这支部队整掉，在这里整还不算，还要调防到浙江去整。师长，这搞的是什么名堂啊？

"师长，我马本斋追随你多年，就是觉得你讲的是正义，走的是正道，追求的是真理！可如今，他们插手21师，剿共剿共，我看是借剿共之名，要毁掉你和21师啊！"

刘珍年点点头说："守清，你分析得很对，我21师本来就不是老蒋的嫡系，他是在防着我啊！所以，这次调防浙江，我是不去的，南京面洽，我也不去。我知道去了不会有好结果的！"

"师长，坚决不能去！"马本斋举着拳头说。

但是，蒋介石很快又发来了命令电报，这回，将连同刘珍年在内的六七位将军调到江西去剿共。

刘珍年这次见不单单是调自己，还有其余六七位，就放松了警惕，为了剖白自己，他这次决定执行命令。但是马本斋看穿了蒋介石的调虎离山之计，劝说刘珍年也不要去江西，去了就失去了自己的地盘，成了别人案板上的鱼肉了。

刘珍年不但不听，反而劝马本斋随行，他说："守清，这次和上一次不同，这次不单单是针对 21 师来的，并且老蒋说，让我去一段时间就重回胶东。我想了，我刘珍年不会剿共的，只不过做个样子，捞点儿军饷，去个三五月就回来的！"

"师长，你不能去，去了就回不来了——"

"胡说，咋叫去了就回不来了，别说这种不吉利的话。我刘珍年行得正，走得直，加上有你这样的得力臂膀，我回来后还得建立一番功业呢！"

马本斋一抱拳："师长，我马本斋是断断不能随你去的，去了我就成了千古罪人了！请求你批准我解甲归田！"

"胡说，"刘珍年横眉立目，"我刘珍年这些年看你是个英才，一直看护着你，重用你，倚仗你，你马本斋怎能说出这样的话，我不准！"

马本斋陷入了迷惘之中。他本来当初当兵是为了找到一个出路，可是现在的军队已经不是当初的那个军队了，军队里早就充斥着小人特务，自己的路也是越来越艰难。他出了师部，独自一人来到海边，望着翻卷拍岸的海浪，望着盘旋飞翔的海鸥，他又想起了家乡天上的雁阵。他立在礁石上，大声吟道：

风云多变山河愁

雁叫霜天又一秋。

男儿空有凌云志，

不尽沧浪付东流。

吟完，马本斋突然发现自己多年追求的理想，在逐渐清晰的时候却远去了，破灭了，看不见了。

怎么办？怎么办？他的眉头又打上了结。他觉得海浪已经卷走了他的身躯和灵魂。他健壮的身躯轻得像一片浮萍，随浪淹没。

就在刘珍年的军队前往江西的时候，马本斋悄悄脱下军服，换上回民的礼拜帽和便装，与三弟马进坡悄悄地离开了军营。

他们纵马加鞭，朝着河间府献县老家——东辛庄的方向绝尘而去。

第　四　章

回　到　老　家

马本斋回老家来了——

马团长回东辛庄了——

这消息像秋天绽放的芦花一样，随风飞遍了子牙河两岸，沿着子牙河水漂荡到了很远很远的地方。

一段日子里，老河间府、献县地面、东辛庄都弥漫在马本斋的传说里。有的说，马本斋在烟台当了团长，因为请求去东北打日本，被不抗日的老蒋革了职，回家娶媳妇抱孩子来了。有的说，马本斋抗上，看不惯团里的一营长抽白面儿、奸淫妇女，没经过师长、旅长，就把这营长拉出去崩了。营长是旅长的小舅子，想以开会为名逮捕马本斋，马本斋听到信儿，带上十几个警卫，拽上一挺轻机枪，骑着马一溜烟跑了。有的说，马本斋像梁山好汉一样，杀富济贫，剿匪安民，胶东百姓送给他了万民伞，千里送他来老家请父母大人去胶东享清福去了。还有的说，马本斋当了团长，发了洋财，娶回来几房姨太太，银元金砖带回来一车厢。这些传说，让马本斋成了一个传奇人物。

但在东辛庄，人们看到了一个实实在在的马本斋，就是和兄弟马进坡弃官不做，回归故里的马本斋。他仍然保持着回民的装束打扮，仍然和父母一起下地干活，仍然和街坊邻居和睦相处，仍然去子牙河里捉鱼洗澡，仍然没事了就去仰望清真寺的塔尖，看天空的大雁飞来飞去。

倒是马进坡和来看望他们的乡亲们聊得火热，他聊他们军营的生活，聊马本斋如何枪打铜钱眼儿，如何脚踏猪谷一雄，如何生擒土匪柳林霸，如何吃大户分粮给穷苦的百姓，将马庆功、铜小山等一帮小年轻听得五迷三道的。每逢这时候，马本斋就镇着脸对三弟说："进坡，别瞎吹了，快帮着王英带孩子去吧，国凤又哭了！"

王英是进坡的媳妇，国凤是进坡的女儿。在去当兵之前，进坡就娶妻生女了。这时候，进坡就吐一下舌头，不言语了。

哈二先生在马永标的搀扶下来看马本斋了，这时候老态龙钟的哈二，辫子早就剪掉，头发也没剩下多少，说话都有点儿漏风了。马本斋连忙迎上去，扶住了哈二先生。

哈二先生颤巍巍地说："本斋啊，你在学堂念书的时候，我就看着你有大富大贵之相，果然如我所料，平步青云当上了团长。团长团长，半个皇上，大炮一响，这个是黄金万两。我就不明白了，你不在军中当皇上，干吗还回这到处是盐碱地的东辛庄来受罪呢？"

马本斋给老先生拿过来一个蒲团，给马永标拿过来一个木墩儿："哈先生，永标叔，你们坐。"他就站着，高高地站在院子里，坐着的两人仰望着他，听他说："哈先生，在你学堂的时候，你不是说君子要先天下之忧而忧，后天下之乐而乐吗？你还说，君子固穷。我马本斋视天下穷苦百姓为兄弟伯叔，愿意忧其所忧，乐其所乐，愿意与大家有福同享，有罪同受啊！"

马永标立起来，拍着巴掌说："本斋说得好，不白在外面闯荡十多年，出息了，也明事理了，哈先生！"

哈二也想站起来，可他努力了几下，都没成功，只能双手拍着地说："这是自毁前程，自毁前程啊，本斋！"

马本斋蹲下身子，笑着对哈二说："哈先生，我不这样认为，人应忍受穷困、患难，要不顺从私欲，要克服贪吝。还要信道而行善，遇到既不信道又不行善的人，不足与谋啊，哈先生，标叔——"

马本斋这样说着，就想起了他刚刚离开的21师。刘沛然和那七个他秘密送走的人，是信道而行善的，但没有机会与之相谋了；老蒋是既不信道又不行善的，当然不足与谋。而刘珍年呢？是信道还是不信？是行善还是不行？唉，一两句是说不清他的。但他对我马本斋是有知遇之恩的，也不知道他现在命运如何了？想到刘珍年，马本斋这时不禁生出了一丝伤感。

此时的马本斋绝不会想到，刘珍年已经不在人世了。就在刘部被调往江西途中，一步兵营哗变，尽管刘珍年平息了哗变，将部队召回。但仍然没有逃过蒋介石的算计。蒋介石指使亲信控制了21师，并软禁了刘珍年。后来，以"纵兵殃民"等罪名，将刘珍年枪杀于南昌东郊。

哈二终于站了起来，他用手高高探着，才够到了马本斋的肩膀。他把手吊在了马本斋结实的肩膀说："本斋啊本斋，当着你永标叔的面，我敢说，你小子心意不在此，不在此哦，潜龙归海，你回了子牙河，一有机会，你会龙飞九天，龙飞九天的——"

马本斋和马永标都笑了。

马本斋和马永标搀着哈二往外走，走到门口的时候，马永长、白文冠和孙淑芳扛着锄头从地里回来了。

成　亲

孙淑芳出落成了一个高挑美丽、举止端庄的大姑娘了。她就像冀中平原上的一株红高粱，在阳光下和风雨中，拔节生长着，成熟着。

孙淑芳父女俩是几年前马本斋剿匪的时候遇见并送回老家的，当时也没想那么多，只为让他们父女俩有个落脚的地方。回来不久，淑芳的父亲就患病去世了。马永长夫妇操持的丧事，就将老人埋在了子牙河堤上。在老人的坟旁，栽上了一棵柳树。

然后，夫妇俩将淑芳带回家，把她视同自家的亲女儿了。

现在本斋回来了，淑芳这么大的姑娘家该怎么自处呢？

这天，白文冠带着马本斋在村里转悠，走过清真寺，走过小桥，绕出村子，在自己家的几亩薄田前站住了。望着茂密的青纱帐，白文冠开口问道："本斋啊，跟娘说说，你这次回来，到底想干点儿啥？"

马本斋望着娘，用脚踢跑了一块土坷垃："娘，也没想好，就是觉得应该安安生生种地，给您二老尽尽孝心。这些年，我不在家，亏欠爹和娘的太多了！"

"亏欠倒也没什么亏欠，本斋啊，你在军队干得好，有志向，有出息，是给咱马家，长了脸了！"白文冠欣慰地说。

一只蚂蚱飞到了马本斋的脚边，他一伸手，捉住了这只蚂蚱："娘，当兵也不自由啊，你看这蚂蚱了吗？尽管它的天地很大，但在人的面前还是很渺小的，它的周围其实危机四伏呢，我一伸手，就可以把它捏在手心，"马本斋把蚂蚱向空中扔去，那蚂蚱先是向下降落了一段，等明白自己已经自由以后，就奋力展开小小的翅膀飞走了，消失在了青纱帐里，"但是，它一旦自由了，就又回到了自己的世界里去了——"

白文冠思索着马本斋的话。

"娘，人有时候活得还不如一只蚂蚱呢！"马本斋继续说道，"你想做的事情做不了，你想去的地方去不到，憋屈啊！九一八事变后，日本关东军占领东北，东北军一枪未发，我去请战，师长刘珍年还训斥了我一顿。刘珍年只图自保，只图了蒋介石那点军饷，执迷不悟地去了江西剿共。娘，这不是我要的结果啊……"

白文冠看着儿子痛苦的表情，安慰道："本斋啊，你也不必过分忧伤，既然回来了，娘也不怪你。娘信你，自小就信你，你不干就有不干的道理！但娘知道你虽然回来了，但心却在外面的世界。放心，儿子，如果你想干什么，娘绝不拦你。你是好男儿，好男儿就该志在四方啊！"

马本斋感动地抱住了母亲："娘……"

白文冠摸着马本斋的脸问："本斋，跟你商量个事，你看淑芳年龄也不小了，咱们总不能让她变成老姑娘吧，我寻思着是不是该给她说门亲事了……"

马本斋听完一怔，忙道："娘，你不是也喜欢淑芳吗？怎么能把她往外赶呢？你问问她啥意见，可愿留在家里继续陪你？"

"我愿意，一辈子守着娘，一辈子守着本斋哥……"他们身后，传来了一个羞怯的声音，是淑芳来了。自从本斋回来之后，淑芳满心欢喜，她想问问本斋哥回来的原因，又不好意思问，回来就好，回来了，她自己心里也做好了打算。刚才她到爹的坟上去了，她跪在爹的坟前，默默地向父亲说出了自己的打算。爹坟前的那棵柳树在风中晃动着，像是对淑芳点着头。从爹的坟前回来，淑芳就看见了白文冠母子俩，她就一直悄悄跟到了现在。

白文冠母子俩惊异地望着淑芳，淑芳却一扭身跑远了。

在一个"主麻日"（礼拜五）的晚上，马本斋和孙淑芳成亲了。堂屋里红烛高照，曾经给马本斋取过经名的那个老阿訇为他们主持婚礼。他坐在本斋新房的太师椅上，当着一屋子前来贺喜的人们，严肃地对跪在他面前的马本斋和孙淑芳说："孩子们，愿你们幸福、健康和吉祥——"

大家一片欢呼声。等大家平静之后，老阿訇严肃地对戴着崭新的白色礼拜帽的马本斋说："新郎，你念'盖不鲁图'（回语：和我结婚，你同意吗）。"

马本斋就念了。

老阿訇对戴着崭新盖头的孙淑芳说："新娘，你念'单达尼'（回语：我同意）。"

孙淑芳也念了。

等两个人念完之后，阿訇高兴地念了一会儿"尼卡哈"。然后将一把献县金丝小红枣向马本斋的头上撒去，又抓起一把花生向孙淑芳的头上撒去。

马庆功、铜小山带着一群孩子哄抢着，嚷嚷着："早生贵子，早生贵子哟……"

闹洞房的走了之后，马本斋掀开新娘的红盖头，说："淑芳，我们家是穷人家，嫁给我是委屈你了。"

淑芳说："本斋哥，你是我心中的大英雄，从见到你的那一天起，我就认定你了。不管是富贵还是贫穷，只要你在，淑芳就有安全感！"

马本斋拉住淑芳的手说："说实话，本来真的想在军队上做个大官，光宗耀祖，封妻荫子，可现在是乱世，想来还是做平凡夫妻的好！"

"本斋哥，你的心淑芳懂得，不管以后的日子怎样，淑芳都追随你！"

日本人来了

子牙河水自西向东，平静地流淌着。夏天到了，河水涨满了河床，一副汹涌澎湃的样子。

卢沟桥一声炮响，日军大举进攻华北。29 军英勇抵抗二十余日，终因得不到国民党政府强有力的支持而从平津败退。华北大地上已经听得见日军的铁蹄声声和枪炮之声了。河间的国民党军队弃城而逃，在逃跑之际，炸开了子牙河堤。子牙河水淹了献县十八村。东辛庄也处在一片汪洋之中。

马本斋明白，种种迹象表明，日本人马上就要来了。

救助完东辛庄受灾的乡亲，马本斋把叔叔马永标、弟弟马进坡和当家子的侄子马庆功召集到自家院里的大椿树下，让淑芳给大家倒上茶后，对大家说："咱穷人有句话，对恶狗用棍子，对强盗用刀子，日本人快到咱家门口了，国民党又逃得比兔子还要快。怎么办，我想，咱不能等着。咱要安排人手，保卫村子，保卫咱的日子啊！"

马进坡说："哥，你说吧，咱该怎么干？"

马庆功说："本斋叔，甭看我小，我会点功夫，耍耍刀枪不成问题！"

马本斋把目光投给了马永标："叔，你说呢？"

马永标吸了口烟说："我看光咱这几个人不行，得拉队伍！现在咱献县地面，队伍挺多的，主任遍天下，司令赛牛毛，谁都能弄个司令当当。不是前些日子，商家林的白七和六路军的周朝贵都来请你了吗？我想这其实也是个机会，你可以到他们那里看看，能不能争取他们，让他们听你的指挥。同时呢，咱还可成立自己的队伍，你师傅白老庭是村长，我去看看能不能和他商量商量成立个联庄会；还有张大马村学堂的张德鑫老师，你注意到了没有，他是个有大学问的先生，听说也开始组织乡团呢，他可是很愿意和你接近呢！"

马本斋听了马永标的话，心里的思路明确了，他说："叔，你说得对，咱们得联合别的队伍，明天我就去白七那里走一遭！"

白衣秀汉白七

河间府商家林是有来历的。

相传后唐末年，赵匡胤和大将郑子明被辽兵追杀，逃至此地小金桥处，与此地董氏兄弟五人相互厮杀起来，但董氏兄弟五人武艺不精，眼看就要被战败，这时董氏兄弟之妹董秀英听见院外有打斗之声，外出观看，便上前参战，兄妹六人勠力同心，齐战赵匡胤。赵匡胤和郑子明两人打不过董氏兄妹，继续向南逃去。后来，赵匡胤称帝，因曾在此处战败，被此地人称伤了圣驾龙体之鳞，简称"伤驾鳞"。后来，此地手工业尤以草编最为发达，说书的、唱戏的人很多，汇集一起形成"戏楼街"，加之此处又是南北通行的交通要道，逐渐商铺林立，几乎每天都有庙会，南来北往的商客都云集于此，在明末清初达到繁荣时期，因此而得名"商家林"。

白七就盘踞于此，成了气候。近来，他又截了一伙南逃的国民党队伍，连人带枪都卷进了商家林，扯起了旗号，号称"义勇军"，自封为师长。这白七，长得五大三粗，皮肤黝黑，却喜欢穿一身白色的裤褂，自比水泊梁山白衣秀士王伦。他打着抗日的旗号，招兵买马，摊派钱粮，也成为一时的风云人物。

马本斋带着进坡来到商家林的时候，已经是下午了。他们没有看到商家林应有的繁荣景象。街上行人稀少，银号、当铺、旅店、饭馆都基本停业。国民党南逃，当官的、地主土豪南逃，连一些老百姓也卷起行李毫无目的地离开家园南逃了。生逢乱世，民不聊生啊！

他们很顺利地找到了"圣公会学堂"。这原来是中华圣公会在商家林建的一座高级学府，是专门为女孩子开的公立学堂，现在由于战乱被迫解散了。白七就占据了学堂做了师部。

马进坡在师部门口和背着大枪的警卫耳语了几句，那两个大兵慌得立即跑进了院里。不一会儿工夫，就听见学堂楼上想起了咚咚咚的脚步声，人还未见到，粗壮的声音却早传了过来："哎呀呀，哎呀呀，今天真是大刮东南风啊，把马团长吹来了。不知大驾光临，有失远迎，赎罪赎罪啊——"

白衣秀士，应该说是白衣秀汉白七冲到了马本斋的面前，双手抱拳："快快快，马团长，楼上请——"

马本斋也抱抱拳，说道："白师长幸会幸会啊，不急着上楼，我看看你的师部大院如何？"

"好好好，我现在是兵强马壮，武器精良，就是缺少像马团长这样的军事人才啊！"白七领着马本斋马进坡在院里转着，"这里住着师部和一团，师部后面住着二团，三团在村公所驻扎。"

"那你们一共多少号人啊？"马进坡问。

"两百，哦，不不，三四百人吧！"白七摸着脑袋说。

"怎么一个团的人就这么几个？"马本斋指着几个士兵说。

"一团的人都到单家桥去筹粮款去了，他们天黑就回，天黑就回。"白七解释道。

马本斋摇了摇头。

晚上，白七为马本斋兄弟举行晚宴。白七让他的五姨太给马本斋和进坡倒上酒，然后站了起来，高声说道："前些日子，我派人去请过马团长，正赶上马团长大婚，就没叨扰，今天马团长能来看望兄弟，实乃三生有幸啊！来，马团长，进坡老弟，咱连干三杯，我先干——"说着，白七一气儿喝干了三杯。

马本斋喝了一杯，对白七说："白师长，你是海量，我酒量不行啊！"

白七哈哈大笑："不行？男人哪能说不行呢？你说是不？老五？"白七拍了一下五姨太的屁股。

五姨太用丝绸手巾拂了一下白七的脸："你讨厌不？当着马团长的面老实点儿！跟人家马团长学学，做点儿正经事！"

白七一蹾酒杯，脖子一梗："老子怎么不做正经事了？日本人快来了，老子成立了义勇军，你知道义勇军是干吗的？抗日的。这不，马团长也来了，我们队伍里有了马团长，会如虎添翼的！马团长，你来我这里干，弄个副师长兼参谋长怎么样？"

马本斋没吭声，马进坡说话了："白七师长，我们来了，不是要跟着你干，是想让你跟着我们干，明白吗？"

白七眼皮一翻："跟你们干？你们有枪？你们有人？还是你们有钱有粮？还白七师长？叫白师长！"

马进坡又说了一句："白七师长，你不叫白七吗？"

"叫也不让你叫！"白七冲着进坡喊叫起来。

马本斋拦住了进坡，将白七按到凳子上坐下，端起一杯酒说："白师长，你看你，刚喝了三杯酒就不行了？来，我马本斋敬你一杯，师长嘛，就应该有师长的度量。进坡叫你的名字不对，但他说得不错，我来不是要跟着你干，是想让你跟着我干！"

白七问："我跟你干，也可以，反正是咱们联手实力大，那咱怎么个干法儿呢？"

"你看你，队伍散漫，编制混乱，训练也不到位，完全还是散兵游勇那一套。吓唬吓唬大户，唬唬地痞流氓还行，真正日本人来了，可不是对手啊！"马本斋接着说，"你如果同意跟我干，得听我们的。我得用正规军队那一套治军：不许骚扰百姓，不许随意摊派钱粮，不许抽白面儿，不许耍钱赌博，尤其不许强抢民女做姨太太，这些你做得到吗？"

白七望了一眼五姨太："合着这好事都不让干，那咱拉队伍还有什么意义呢？"

"有意义，"马本斋正色道，"咱们要保护好老百姓，要保护好咱们的国家呀！"

"那得让我和弟兄们商量商量！"白七冲门外喊了一声，"卫兵，去看看一团长回来没有？然后叫二团长、三团长一起来我这里议事！"

不一会儿，二团长和三团长都醉醺醺地来了。他们衣冠不整，配枪斜挎在肩上。白七说："就你们俩？一团长呢？一团长呢？"

一团长过了半个时辰才挂着胳膊上得楼来。

"怎么了？"白七端过一杯酒去，"钱粮筹到了吗？"

"师长，筹到是筹到了，可又让他们抢回去了。" 一团长没敢接酒，低着头说，"我们去的单家桥，地皮子硬啊，先去了几个大户人家，说粮款被国民党逃兵抢了一回，刚刚又被六路军周朝贵筹了一回，实在没多少了；我们就又去农户里挨家挨户去搜，我们说是义勇军的队伍，百姓都半信半疑，好歹凑了多半车。对了，临了我们还在韩老头家给你抢了个闺女，真正的黄花大闺女！可走到单桥上，那闺女一下子跳进了滹沱河，被大水冲走了。"

　　"那粮食呢？"

　　"人被水冲走以后，全村的人都出来了，一下就围住了我们，又是棍棒又是火枪的，弟兄们死的死，伤的伤，粮食，还有几百块大洋都被他们抢了！"一团长说完，就来端白七手里的酒。

　　白七一下子就把酒泼在了一团长的脸上："混蛋，笨蛋，屎蛋，你还有脸喝酒，老子赏你一颗花生米得了——"说着，这白七掏出枪来，照着一团长的嘴就是一枪，一团长的嘴就裂成了一个红色的巨口，人整个就石头一样摔在了地上。

　　"集合，集合——"白七挥舞着冒着白烟儿的手枪，对二团长、三团长喊道："立即连夜去单家桥，抢回粮食——"

　　白七带着队伍走了。马本斋望着地上还在流血的尸体，对进坡说："这白七哪里是抗日的武装，简直是土匪啊！"

　　马进坡把一桌子饭菜掀翻："杀人不眨眼，比土匪还不如，哥，咱们走！"

哥俩下得楼来，向东辛庄的方向走去。走着走着，马本斋站住了："进坡，你先回去，免得咱娘惦记，我去一下单家桥！"

"干吗？你要去阻止白七吗？"

"我去给单家桥的村民们送个信儿吧！"

六路军参谋长

几乎是在马本斋马进坡去商林镇的同时，周朝贵带着副官陈连举找上门来了。

这周朝贵是国民革命军第六路军第三联队长。现驻扎在淮镇。他们是奉司令史省三之命来请马本斋出任第三联队参谋长的。这第六路军的前身是铁血救国团。1937 年 8 月，纪晓岚的后裔纪孟宽、纪根同父子在共产党员张德鑫的帮助下，联络附近村庄的几十个村民，组成了"抗日一支队"，后改成铁血救国团。成立一个月，就发展到了两千多人。人多了，他们又改成了抗日救国军，编成了三个联队。这时候，曾任军阀部队旅长及国民党冀豫皖"剿匪"副司令的史省三和老兵痞周朝贵混进了义勇军。不久，纪氏父子在去张大马乡团联络张德鑫的途中，被人伏击遇害。史省三当上了司令，周朝贵当上了副司令兼第三联队长。于是，在这支队伍里，原国民党的遗老遗少、反动军官、惯匪、兵痞等成了抗日救国军的骨干力量。他们打着抗日的旗号，派代表到天津国民党中央办事处秘密联系，请求加委，定名为国民革命军华北第六路军。

加委是加委了，但蒋介石历来看不上杂牌军，什么也不管，只给了个空名头。不管是史省三，还是周朝贵，这时候都急需有军事才干的人来辅佐他们整治部队，提高战斗力，维持和扩大地盘，进而换取加官晋爵的资本。

周朝贵来到马家只见到了孙淑芳，他没见到马本斋，就留下来一封邀请信。信中写道：

　　本斋兄台鉴：

　　　　在此多事之秋，鄙人久仰先生大略，声名远播，早已如雷贯耳。今特来拜访，适逢先生外出，特修书一封。鄙部系第六路军，一向秉承忠义救国之宗旨，广招贤才，敬请驾移鄙部，俯就共事，同谋救国救民之道……

马本斋从商家林回来，看到了这封信。看了几遍，他的心像夏天的子牙河水又泛起了波澜。此时，周朝贵的这句"同谋救国救民之道"深深地打动了他。这不正是他现在正四处奔走谋求的大道吗？这不正是他要寻找的部队吗？

他脸也顾不得洗，身上的泥也顾不得擦，连忙跑到了母亲的屋里，把信的内容和母亲说了。白文冠拉着马本斋的手说："本斋啊，这六路军我也早有耳闻，说是抗日的队伍，看那来人话也说得实诚，你就试试去吧！娘知道，你是有心思有想法的人，也是干大事的人，娘不拦你——"

第二天，马本斋就要上路的时候，娘带着进坡来送他："本斋啊，我想了一宿，你还是带上进坡吧。他在部队上跟惯了你，到了那里，哥俩在一起，凡事都有个照应和商量！"

马本斋点了点头。

白文冠又对进坡说："进坡啊，你可要处处留神，事事小心，一会儿也别离开你二哥！"

"谁敢动二哥一根毫毛，我这剥牛的刀子不答应！"进坡一拍腰间，硬气地说："娘，你就放心吧！"

这时候，淑芳从村子里追出来将马本斋穿过的军大衣递给了他，又把一件夹袄递给了进坡："你俩都带上件厚衣服吧，天凉了！"

就这样，抱着寻找和打造一支抗日队伍的想法，马本斋和马进坡来到了六路军周朝贵第三联队。当时史省三和周朝贵的六路军因为打着"抗日"的旗号，到处招兵买马，已经发展到了八千多人，盘踞在献县东部、交河北部、沧县西南部的三百多个村庄。周朝贵当时驻扎在淮镇。淮镇乃金朝所建，是献县的东大门。

马本斋和马进坡是在日头平西的时候来到淮镇大街的。与商家林的萧条不同，那天淮镇店铺全都开张，镇上的人们都走上街头来迎接马本斋的到来。周朝贵为马本斋哥儿俩举行了盛大的欢迎仪式，洋鼓洋号同奏，鞭炮声掌声一起响起来。全镇人都想看看那个人们传说中的人物马本斋。在他们面前的马本斋，高大的身躯，穿着粗布衣，头戴白毛巾，胳膊上搭着一件旧军大衣，朴素平常，但和蔼可亲，眉宇间展露着英武之气。

走在淮镇大街上，马本斋仿佛又走到了烟台的大街上，那年他剿灭柳林霸等土匪归来，大街上也是这样熙熙攘攘，也是这样锣鼓喧天，所不同的是，那时候，他穿着笔挺的军装，腰挎手枪，骑着高头大马。那时候真是胜利归来啊！烟台百姓那天送给了他一把万民伞，可惜他解甲归田的时候，丢在了军营。可如今这算什么呢？日本人正一步步逼近华北，中华民族正处在最危急的时刻，组织队伍抵御外敌迫在眉睫，怎么还有闲情逸致，浪费人力财力来搞这些东西呢？

马本斋的眉头扭成了疙瘩，他不痛快地说："周司令，我马本斋不是什么达官贵人，如此兴师动众，受之有愧啊！"

"谁不知道马团长是为抗日才得罪上面的，你是抗日英雄，如今又来我们抗日队伍当参谋长，助我六路军一臂之力，理应受到热烈欢迎！"周朝贵摇晃着他的小脑袋把手一摆："请——"

晚上，周朝贵为马本斋举行了豪华的欢迎宴会。六路军的头头脑脑，淮镇的各界名流都来了，都是些长袍马褂、西服革履、大背头、八字胡之流。马本斋感到出奇的别扭。丰盛的美味佳肴一道道摆上八仙桌，外国酒倒满了杯子，马本斋一脸的木然。他想到了子牙河炸堤后受灾百姓挖野菜吃树叶的情景，想到了逃荒的难民衣衫褴褛的样子，他站起来，拉着进坡就想离开饭桌，却被周朝贵拦住了。

"马团长，我知道你在想什么。可既来之，则安之嘛，你看都摆上了，就凑合着用点儿吧！" 周朝贵端起一杯酒走到饭厅中央，大声说道，"诸位，从今天起，马本斋先生正式就任鄙人的参谋长了！"

大厅内立即响起了一片掌声和呐喊声。

"马先生是东北讲武堂的高材生，东北军21师上校团长，双枪能百步穿杨，还能夜打冰花。马团长加盟六路军，定能一展雄心壮志，为我六路军立下丰功伟业！"周朝贵说着，将酒杯举起来，高过头顶，"来，诸位，为我们有一个好参谋长干杯——"

"干！"

"干！"

众人举杯。

马本斋也倒满一杯酒，端着走到大厅中央，走到周朝贵面前，他的身子盖过了周朝贵，他的头在周朝贵的头之上，他说："我马本斋今天来六路军，不是为我自己而来，也不是为了当个参谋长而来，我是为了拉队伍而来，为了抗日而来。诸位，国难当头，国土沦陷，华北危急，百姓生灵涂炭，谁来保卫他们？只有我们军人！说实话，我马本斋不大了解六路军，能来这里，是被周司令一句话所感动，那就是同谋救国救民之道！"

马本斋的声音洪亮坚硬，震得桌上的菜盘和酒杯都微微晃动："如果贵军真乃仁义之师，我马本斋愿意为之效劳，也愿意为之奋斗！来，诸位，为普天下的仁义之师干杯！"

"好！"

"说得好！"

…………

周朝贵带着大家一起鼓掌，干杯。

欢迎宴会结束的时候，周朝贵还把跟随他三十多年的一柄狼牙剑赠送给了马本斋作为见面礼。那把剑，是清朝道光年间京都所铸。马本斋拔出剑来，在大厅中间挥舞了几招，宝剑舞动，寒光闪闪，夺人眼目。马本斋对周朝贵带剑抱拳："周司令不愧是子牙河两岸的名士，懂得宝剑赠武士的道理，也熟悉我们回族人的性格，我一定会用好这把狼牙剑，为国为民，除害斩妖，宁折不弯！"

周朝贵点头，又和马本斋对饮了一杯。

南格营渡口

其实，那天晚上，趁着酒劲儿，周朝贵还是被马本斋的真诚和豪情打动了一下的。他没想到，在河间府，在献县地面，真的还有这样的汉子：不贪钱，不为官，不慕权，敢抗上，敢做自己想做的一切事情。他甚至有点儿佩服马本斋了！能够像马本斋这样胸怀天下，建功立业也不失为一种人生的选择。

但，当陈连举将募捐来的钱全部抬到他面前的时候，他还是没有管住自己的贪心。真金白银，那可是白花花的大洋啊！他吩咐陈连举，将几只募捐箱打开，留下大洋和一些皱巴巴的纸票，其余全部抬进了自己里屋的密室里。

马本斋就任参谋长的这几天里，和进坡一直在训练周朝贵的部队。他按照在东北讲武堂的经验，把学到的知识，结合自己的作战实践，编成了一套练兵要领，指导官兵加紧练习。练兵很忙。因此当周朝贵将要去各村开展抗日募捐的想法告诉马本斋的时候，马本斋只是说了一句："募捐可以，但要真正用在军队的装备上！"周朝贵赶忙说："那是那是，咱是抗日的队伍嘛，一定要秉公办事！"

陈连举哼着小曲儿来参加马本斋的练兵。马本斋问陈连举："陈副官，这次募捐顺利吗？"

陈连举漫不经心地说："顺利啥？老子在这里吃信喝卤地紧折腾，忙着和小日本干，可那些个土财主，死乡绅一点儿也不开明，死搂着自己的钱财不撒手，他们是要钱不要命啊，还有那些个穷百姓，打死也榨不出四两油来，那更不用指望了。"

"那到底募了多少啊？"

"我们跑了三天，去了几十个村庄，才凑了这个数。"陈连举伸出了两根指头。

"二百万？"

陈连举摇摇头。

"二十万？"

陈连举又摇摇头："两万，我的参谋长！"

马本斋不吭声了。他噔噔噔地跑到了联队司令办公室，看见周朝贵躺在椅子上，双腿正悠闲地搭在面前的桌子上闭目养神，他把周朝贵的双腿一下子就拨拉下来："周司令，请问募捐到底募了多少啊？"

马本斋的大嗓门让周朝贵的身子抖了一下，他说："怎么了？两万啊！唉，我也没想到怎么会这么少啊！"

"甭管多少，账目咱得公开。"马本斋瞪大眼睛说。

"公开？"周朝贵眨巴眨巴眼睛，"好，公开。现在不比以前了，治军要严嘛！好好好，我立刻让陈副官将账目整理好，明天交给你！"

马本斋就等着，但等了两天，都没有见到陈连举把账目整理出来，更没有见到陈连举的影子。

马本斋让进坡找几个和他亲近的官兵打探一下消息，看陈连举这两天有什么举动。进坡利用吃晚饭的时间去了周朝贵的警卫队。吃完饭，天黑了，马进坡回到了马本斋的屋里，急扯白脸地说："哥，这两天，陈连举有大活动，奉周司令，啊不，奉周朝贵之命去子牙河南格营渡口筹粮。这么大的事，也不和你商量，你这参谋长光给他练兵哦！咱不干了。"

"现在说不干，有点儿早，我不甘心就这样放弃这支队伍，"马本斋在屋里走了两圈，对进坡说，"进坡，你去备马，咱们去渡口看看，陈连举不是什么好鸟，我怕这里面有猫腻。"

"二哥，用不用报告给周朝贵？"

"报告了咱还能走吗？你看不见总是有几个护兵天天跟着我，像狗皮膏药似的，怕我跑掉。"马本斋拿上了那把狼牙剑，对门口的护兵说出去练剑，就和进坡出了司令部。

月色明亮，快马熟路，一白一黑两匹马撕破了原野的沉静，在子牙河堤上卷起了两股旋风，呼啸着向渡口冲去。

果然，陈连举不是筹粮，是在劫粮。他们得到了消息，沙河桥镇附近的百姓，一家一户地凑了几船粮食，要运到献县四十八村去，救济刚刚被子牙河淹了的亲戚们。因为沙河桥一带的姑娘多是嫁到四十八村的，祖祖辈辈都是亲上加亲，砸断骨头连着筋的血脉近亲。陈连举带着人，暗中监视，看着他们将粮食用车拉到沙河桥渡口，装上船，又运到南格营渡口。这才趁着夜色，下手抢粮。

马本斋到达渡口的时候，三船粮食已经被陈连举卸了两船半，陈连举正指挥着十几个拿枪的兵士逼着老百姓给他们卸粮："赶紧着，赶紧着，让这帮刁民把粮食往咱们车上装，司令说要快！"

马本斋看到了这阵势，早已明白了。他大喊一声："陈连举，停止卸粮，"

他大步抢到陈连举的面前，"停止卸粮——"

陈连举见马本斋赶来了，就抢先说道："这事也惊动了参谋长啊，这些是天津来的富商，要到四十八村倒卖粮食，发国难财啊，奸商啊，必须打击！"

"他说的不对啊，长官——"船上一个留着长须的老者喊叫了起来，他被绳子紧绑着。马本斋解开了老者的绳子。老人断断续续说出了粮食的来源和用处，然后一把抓住了陈连举，带着哭腔控诉："长官啊，他说他是抗日的队伍，是什么义勇军，我看是狗屁，是土匪，是明火执仗的抢劫啊——"

"大胆的奸商，放开我，你竟敢在参谋长面前胡说八道，看我不一枪崩了你——"

"你敢？"老者用手指着陈连举的鼻子说，"我们是穷帮穷，亲帮亲，你才是天杀的土匪啊——"

砰——陈连举的枪响了，老者抓着陈连举的手松开了，一头栽进了子牙河。

马进坡冲上前去，一脚踹翻陈连举，用捆绑老者的绳子把陈连举三下两下就捆上了，他咬牙切齿地说："陈连举，你混蛋，我要把你扔进子牙河里喂鱼——"

远去的骏马

将粮食还给了老百姓，处理了老者的尸体，马本斋将陈连举带回了周朝贵的司令部。

马本斋对周朝贵说："周司令，我说怎么不见陈副官来送账目来呢？原来他是去糟蹋老百姓了，劫了四十八村救命的粮食，还打死了一个老人。司令，这事儿，可不是义勇军，更不是抗日的队伍所为啊！我也没请示你，已经把粮食还给乡亲们了，咱不能留下骂名啊！"

"这是强盗行为，我们是参加抗日队伍来了，不是参加土匪来了，二哥，咱走，"马进坡眼睛瞪出来老大，梗着脖子说，"咱不干了——"

周朝贵走到陈连举跟前，照着他的脸就是两巴掌："你不是说去抓奸商了吗？怎么祸害起老百姓来了？你让我周朝贵的脸哪里搁啊，来人，把他给押下去，听候处置！"

几个卫兵进来，要上前，被陈连举瞪了一眼，卫兵就吓得倒退了几步。陈连举鼻子哼了一声："司令，我抓的确确实实是奸商啊，错了管换。咱的队伍不能让外人指手画脚啊！"说着，就带着背上的绳子，横着走出去了。

"你懂个屁——"周朝贵赶忙跟上一句。

马本斋没再说话，拉着马进坡就往外走，被周朝贵拦住了："参谋长留步，你看这样好不好？陈连举必须严惩，念他跟我多年的分儿上，又是史省三司令的亲戚，我就免了他的副官，饿他三天，以观后效。我也查出来了，这小子此次募捐，不是两万，是五万，被他贪污了三万，我让他如数补齐，你看如何呀？"

马本斋回身，走到周朝贵的面前，拱了一下手："周司令，我马本斋是爽快人，真是抗日，我情愿肝脑涂地，要干不仁不义的勾当，别来找我！就此告别——"说完，扔下目瞪口呆的周朝贵，疾步走了出来。

他和进坡简单收拾了一下东西，扔下周朝贵赠给他的那把狼牙剑，就往外走，在门口被那几个押送陈连举回来的卫兵拦住了："参谋长，不能走，司令给我们哥儿几个下了死命令，没有他来送参谋长，就不让你出这个院子！司令还让我们给你们带来了吃的喝的，你就将就将就兄弟们吧——"

卫兵将两只烧鸡、一盘牛肉和一瓶衡水老白干，摆在了桌上，碰上门，出去了，背着枪站在了门口，直戳戳的，像几个罗汉，把住了门！

马本斋知道，周朝贵这是不放他走了，就坐回到桌前。马进坡推开门，卫兵连忙上前拦住。进坡就折回来，坐到马本斋面前砸桌子："二哥，咱又没卖给他，这不是绑架吗？"

"进坡，他绑不住咱们的，先别急，咱先稳住，再想法离开吧！"马本斋抽出那把狼牙剑，在屋里舞了一阵说，"这剑，是好剑，没有过错，我凭什么不要呢？"

"哥，说给你个事儿，我这些天也打听了，纪孟宽、纪根同是被史省三和周朝贵派人杀的，他们爷俩儿坚持抗战，不是去张大马乡团找张德鑫吗？张是共产党你知不知道？史省三和周朝贵怕他们联合起来，没他俩的好日子，就下了黑手！二哥，你想知道是谁伏击他们的吗？就是这个陈连举，真黑啊！咱不走，早晚得被他们黑了——"

"哈哈哈，"马本斋笑了，他把剑朝空中一挥，屋内顿时剑光闪动，"想黑咱们，目前周朝贵还不会，他也不敢——"

"进坡，这些情况你知道就行了，不要乱说，周朝贵这人很狡猾，当面一套，背后一套，我去意已决，"马本斋又对马进坡说，"刘珍年去江西的时候，咱走了，他拦不住我；周朝贵贪污募捐款，抢劫杀人，队伍纪律败坏，想拉我入伙，更不会得逞！"

接下来的两天，马本斋马进坡不再提离开的事情，继续操练士兵。第三天，周朝贵让部队进驻河间沙洼村。晚上，马本斋叫过马进坡说："你今晚偷偷回家，去看看咱爹咱娘，然后让咱娘写封信来，就说她老人家病重，我自有办法！"

第二天一早，马进波把信带回来了。马本斋拿着信，急匆匆地去见周朝贵："周司令，你看，老家捎信来了，俺娘病了，病得很重，想儿子。你看，现在部队开到了家门口，沙洼离东辛庄就一箭地，我说什么也得回去看看不是？"

周朝贵说："参谋长，这部队训练离不开你啊，咱得加紧训练，好和日本人干啊，你看是不是……"

马本斋一拍胸脯："放心，周司令，只要你打日本，我马本斋定会好好训练部队，尽快回来辅佐司令的，我不会辜负你的狼牙剑的——"

"我知道参谋长是大孝子，不让你去看老娘也说不过去，"周朝贵叫人拿来二十块大洋，"参谋长拿着，速去速回啊——"

马本斋和马进坡骑马迅速离开了周朝贵的军营。在冀中大平原上，一白一黑两匹骏马，一路驰骋，向东辛庄方向奔去。

其实，周朝贵隐隐约约觉得，马本斋这次是不会回来了。

他的心里不禁有了一丝惆怅。他望着远去的骏马，望不见影了，还在沙洼村的村头茫然地站着，他不知道以后的路该怎么走下去了。

训练张大马乡团

和周朝贵一样，马本斋也正处于彷徨之中。他想争取别人队伍的路，没有走通。白七不行，周朝贵也不行，接下来他该怎么办呢？

他找到了马永标和白老庭。那时候，白老庭在村东头已经创办了练拳院。在马本斋去白七和周朝贵那里的日子里，白老庭和马永标也操持着一些人习拳练武。白老庭那年已经六十八岁了，却依然腰不弯背不驼，走起路来噔噔有力，说起话来嗡嗡作响，一身宽松练功服，加上两腮下那标准的络腮胡子，有些仙风道骨的样子。白老庭庚子年间，参加过"义和团"，有一身好拳脚，又热心好事，自动把院子清理出来，让村里的年轻人切磋武功。马本斋十七岁去口外之前，还曾经拜白老庭为师学过一阵儿拳脚呢！

见马本斋回来了，他们喜笑颜开，赶紧询问马本斋这些天去找白七和周朝贵部的情况。见马本斋摇头，马永标说："本斋啊，我刚才还和老庭哥说呢，靠山靠海，不如靠咱子牙河自己的水；给吃甭要，不给要也白搭！还是那句话，咱得有自己的队伍，有了自己的队伍才能自己说了算！"

"永标说得对，本斋啊，"白老庭接过马永标的话茬说，"你是在东北军待得时间长了，带大队伍带久了，开始就想弄大的，可是沧州、河间地面复杂啊！谁有人有枪，谁说了算，要想让他们听你的，就得弄得比他们大。可大是怎么来的？得从小里做起啊！"

　　"老庭叔，那你说说，咱怎么做呢？"马本斋问。

　　"先成立个联庄会，动员回回有枪的出枪，有刀的拿刀，有钱的出钱买枪，没钱的出人，把家伙敛吧敛吧，再把人敛吧敛吧，你来训练，平时可以护村，小鬼子来了，就和他干！"白老庭一口气说出了自己的想法。

　　马本斋望着白老庭，点着头。

　　"咱这联庄会和大户人家的联庄会不一样，咱是护村护人的，可以是一个村，也可以是几个村。还记得我上次跟你说的张老师吗？他前天来了一次，要邀请你去他那里，他动员了百十号人，成立了张大马乡团，邀请你去训练呢？"马永标说。

　　"那你给他话，我过去帮他。"马本斋对马永标说，"顺便向人家学学，看咱村的联庄会怎么搞。"

　　就这样，马本斋和张德鑫走在了一起。那时候，马本斋还不知道，张德鑫是地下党员，1932年在泊镇师范读书时就加入了共产党。他的公开身份是张大马的小学教师。这张大马是个村名，金代建村，因为当时是放马的大兵营，后来有张姓的人来马营定居，就成了张大马村。张德鑫受党组织派遣，来此开展抗日工作，他利用教师身份做掩护，通过学生联系了学生家长和爱国人士，平时帮助乡亲们写信、算账，调解纠纷，凡是乡亲们求他的事，他都一一应承，日本人来了以后，他帮助村里建起了乡团组织，开始护村抗日。

张德鑫和马本斋是在子牙河边会面的。那时，秋天的子牙河，新水又蓄了起来，植物茂盛，郁郁葱葱，零零星星的渔船在河上懒散地漂荡，有南来北往的货船惊慌地划过，远处能听到汽艇尖利的叫声，偶尔能听到河间方向传来的枪声和炮声。

"看，那是日本人的汽艇，听，那是山本联队的枪炮声，"张德鑫捡起一块瓦片，弯腰用力向河里撇去，瓦片擦着水面一直向前，擦出一个又一个的水花，最后力量减弱，急促地没入水中，"你的老师山本敬文来了，你知道吗？他是咱们这一带的日本最高指挥官。"

"知道了，"马本斋轻声说，也拾起来一块瓦片直着身子，用力掷出，瓦片没有滑动，直接切入水中，水花四溅，"不是老师，只不过是个教官，我跟他学过军事。"

"马团长，山本也不是原来的教官了，他是一个侵略者，现在是我们的敌人！他的手上已沾满了河间人民的鲜血，"张德鑫拉马本斋坐在河边，"我想，不久，这鲜血就会顺着子牙河水漂到张大马，漂到东辛庄的。那时候，这美丽的子牙河就不只是被炸开堤坝，放水淹了土地和庄家那么简单了，这是战争啊，马团长！"

"张老师，我知道。"马本斋沉重地说。

"本斋，有个叫毛泽东的人，你知道吧，他在延安，最近，就是8月25日发表了一篇讲话，叫作《为动员一切力量争取抗战胜利而斗争》，他说要动员蒙民、回民及其他少数民族，在民族自决和自治的原则下，共同抗日。"

"张老师，不瞒你说，"马本斋兴奋地说，"我在东北军就听说过毛泽东，听说过共产党。我越来越感觉到，共产党是个正派的党，说话做事都和咱是一心，我马本斋服气！"他想起了激进分子刘沛然，想起了刘珍年让他秘密送走的那七个人，现在想来，他们就是共产党吧！他们是多么好的人啊！可他们却不能被国民党和南京政府所容，甚至被诽谤谩骂，围剿屠杀。如今正是这些人拼了性命奋起抗日，而国民党南京政府却丧权辱国，放弃抵抗，还扒开河堤，糟蹋百姓，真是连土匪都不如啊！

说到土匪，马本斋又来了气。想到白七，想到周朝贵，想到这些人在这种特殊时期抢占地盘、横征暴敛、打砸抢劫的土匪行径，他嗖地站了起来："张老师，我怎么也想不明白，同样是中国人，怎么差距这么大呢？国民党咱就不说了，就说咱这沧州地面上的白七和周朝贵吧，他们纯粹是乱世出道，借机发国难财的败类啊！他们来请我出山，我却想拉他们抗日，结果……"

"所以，不要再去做无谓的努力了，本斋，我们自己干吧！我想先从张大马乡团干起，你来负责军事，我来负责政治。你两边跑，也不要放弃东辛庄的联庄会，我们要打造一支训练有素、有所作为的自己的抗日队伍，怎么样？"

"太好了，张老师，你说什么时候干！"

"现在，走，跟我去张大马村，那里的弟兄们都在等着你呢！"张德鑫的近视镜片里有一股光在闪烁，这股光温柔而强劲，注满了马本斋的全身。马本斋在这股光的引领下，开始训练张大马乡团了。

抄家伙拉队伍

就在张大马乡团的训练如火如荼的时候，出大事了。

1937 年 12 月 4 日凌晨，邓庄村的反动武装头子邓四与周朝贵手下官复原职的副官陈连举联手包围了张大马，把毫无准备的乡团包围了。马本斋带人冲了出来，而张德鑫及七名骨干被枪杀了！

乡团瓦解了。马本斋只能带着余下的人来到了东辛庄。一个更为不幸的消息在等着他。在村口，一群村民围住了他，七嘴八舌地告诉他："本斋，你怎么才回来？快回家看看吧，你……你们家出大事了——"

马本斋飞奔回家，看到家里的晚辈们都披麻戴孝，才得知大哥马守朋被日本人杀害了。

"怎么回事？怎么回事？"马本斋抓住马进坡的肩膀。

"今天早上，天还没亮，日本人就杀到了子牙河堤，"进坡哽咽着说，"大哥和几个乡亲起得早，在河边就看见了鬼子，他们一路喊着，乡亲们鬼子来了，乡亲们快跑啊——就跑着回村报信儿，在村东几个人都被小鬼子当活靶子给打死了。"

马本斋看着倒在血泊中的大哥，抡起拳头砸在了墙头上，土墙被他砸进去了一个深坑儿。他想起了大哥的种种好处。大哥老实巴交，不善言谈，每逢他和进坡出门远行，他都是说，放心去吧，家里的事有我呢！可如今，这个照顾家和爹娘的人却再也不会说话，再也不会默默地送他出门了，再也不会照顾家和爹娘了。

"大哥——"马本斋将拳头挥向了天空。

"本斋，日本人是在汉奸崔丰久的带领下进村的，他们从东头折腾到西头，烧了十几间房子，抢走了一车粮食，杀了五个人，糟蹋了两个女人……"白老庭补充道。

"本斋，"马永标从里屋出来，对马本斋说，"你娘叫你进去，还有进坡，你也去！"

进得屋来，哥俩儿看见白文冠坐在炕沿儿上，头发散乱着，眼红红的，但表情严肃。本斋和进坡跪在了炕沿儿前，叫了声："娘——"

"老二、老三，站起来——"白文冠用力喝道，"我告诉你们哥俩儿，你们要报这个仇啊——"

马本斋攥住娘的手说："娘，鬼子汉奸敢骑在咱脖子上拉屎，咱就叫他白刀子进去，红刀子出来！"

说完，马本斋去了厢房，回来的时候，他手里拿着一把枪，是他在东北军用过的镜面匣子，二十响的。他对白老庭、马进坡、马永标和一院子的青壮年说："抄家伙，拉队伍，不能指望别人了，咱们自己干——"

第 五 章

白羊肚手巾英雄结

在马本斋的眼里，1938年的春天，来得很晚，但迅猛，炽烈。

他在经历了一夏一秋一冬的漫长追寻，终于追寻到了他自己，那个经过张德鑫的鲜血和大哥的惨死而换来的自己。

而今，这个苦苦追寻到自己的马本斋站在清真寺大殿的台阶上，正对着一院子的男女老少们。在人们面前的马本斋，高大的身躯，穿着粗布裤褂，白羊肚手巾罩在头上，打了个英雄结。早晨的阳光下，他的厚嘴唇、高鼻梁、大眼睛像雕刻似的生动、英武。他把衣袖挽过胳膊肘，用拿过锄头和镰刀、拿过枪杆和刀剑的手臂用力地向大家挥舞着，挥舞出了一串结实的话语："乡亲们，弟兄姐妹们，老少爷们们，日本鬼子已经踏上了咱们的国土，他们不把咱们当人看，就在东辛庄，大家都看到了吧？烧杀奸淫，比畜生都不如。咱穷人有句话，对恶狗用棍子，对强盗用刀子。国民党不抗日，土匪汉奸不抗日，我们抗！我马本斋也想过安逸日子，也想十几亩地一头牛，老婆孩子热炕头儿，可日本人不让咱们过安逸日子啊！不抗日，这日子就没法儿过，不拉队伍，就没法儿打鬼子！乡亲们，要想活下去，要想过好日子，咱们就得抱起团儿来，跟日本鬼子干！"

马本斋望了望清真寺的塔尖，望了望在一旁给大家摆桌子搬板凳的老阿訇，继续说道："不赶走日本鬼子，我们连《古兰经》都念不安生。我马本斋向真主保证，捍卫信仰，不怕牺牲，视死如归，对得起回族弟兄，愿意跟着我干的，到老庭叔那里报名——"

"我报，马永标。"

"我报，马进坡。"

"我报，马庆功。"

"我报，铜小山。"

…………

白老庭那里一会儿工夫就围上了好几十个人。他们声音高昂，汇成了一股巨大的声浪，像子牙河的春潮一样，在冀中平原的上空回响。

"我也报名，愿意和本斋哥一起拉队伍——"这时，在人群中的后面挤进来一个沙哑的声音，"表哥，我也想跟着你干一场！"

马本斋一看，是瘦弱的表弟哈少符。哈少符是河间城关人，论辈分儿跟白文冠叫大姑。他父亲是河间"正兴斋"点心铺的老板。平时里，哈少符娇生惯养，吃喝玩乐，吊儿郎当的，没干个正经事儿。河间城被日本人占领后，他父亲带着小老婆跑了，他失去了经济来源，混不下去了，避乱来到了东辛庄。赶上马本斋拉队伍，就来报名了。

马本斋对哈少符说："少符，咱们拉队伍，是真刀真枪地跟日本人干，不是过家家，更不是为了享福，就你这瘦猴子？你吃不了这个苦，干脆去找你爹要钱花去吧！"

哈少符拽住了马本斋的胳膊肘："表哥，看你说的，我哈少符今非昔比了，我长出息了，我好赖也是个五尺高的汉子，子牙河水向东流，别人能蹚水，我也能过河。打日本，杀鬼子，替大表哥报仇，能没我一份儿吗？"

马本斋见他说得诚恳，就笑着对大家说："少符机灵，又识字，将来有用得着他的地方，做个书记员还是可以的，你快过去，替老庭叔写名单去吧！"

哈少符就拨开人群，钻进里面找白老庭去了。

人有了，接下来就是收集武器。在马本斋的号召下，乡亲们纷纷把自己家里珍藏多年的长矛、单刀、拐子、流星锤，还有打兔子的火铳都捐献了出来。

白老庭还捐献了一支猎枪，他对马本斋说："我早年在关东闯荡了半辈子，就靠这家伙吃饭了，不瞒大家说，我用他在长白山打过狗熊，打过狼，如今，我把这家伙什儿拿出来，打小日本吧——"

大家一片掌声。

马永标望着一群人和一堆刀枪说："本斋，咱们拉起队伍来了，总得有个名头吧，像联庄会，乡团什么的，都不好，都叫烂了。"

马本斋胸有成竹地说："我早想好了，就叫回民义勇队。白七叫什么义勇军，周朝贵叫什么义勇军，狗屁，都是挂羊头卖狗肉，我们的义勇队，要真正义字当头，勇字为先！"

大家欢呼着表示赞同，又一起推举马本斋当了队长。

"马队长，再讲两句！"马进坡、马庆功、铜小山等一起喊道。

"别闹了，咱义勇队和国民党军队不一样，咱是自己的队伍，队长与队员是一样的，大伙不要喊我队长，以后比我年龄大的叫我本斋，年龄小的叫哥，辈分儿小的，叫叔就行了。"

到中午，马本斋一点名，加上他带出来的张大马乡团的人，义勇队已经超过了七十人。

下午，白文冠和淑芳绣好了一面旗子。马本斋亲自把绣有"回民义勇队"的旗子插在了清真寺的塔尖上。他站在屋顶，俯瞰着春潮激荡的子牙河水，俯瞰着一望无际的冀中大平原，他又看到了天空上飞来了一群大雁，那一年那一首他曾经吟唱过的儿歌又蓦然回响在他的心头：大雁大雁一般齐，后头落下你小姨，打头的换换啵——

让千年大钟活过来

　　有了自己的义勇队，马本斋的练兵要领真正派上了用场。在练拳院里，白老庭教队员们练拳术，马进坡教刺杀，马本斋教擒拿格斗和枪术，并且把自己在东北讲武堂学习的《兵器学》《战术概则》《论带兵法》等基本要领也教给队员们慢慢练习。那一段时间里，练拳院热闹非凡，杀声震天，成了练兵场。

　　练兵之余，马本斋在思索着另一个问题。他看着大家热火朝天地练兵，再看看他们手里拿的简陋的武器：大刀、长矛，打兔子的火铳，除了自己的镜面匣子和马进坡从军队上带回来的盒子炮，最厉害的就是白老庭那杆猎枪了。这样的武器怎么能对付得了日本人的洋枪洋炮呢？这时候，他又想起了他在东北讲武堂学过的一门课程《火炮学》。眼下虽然没有洋枪洋炮，但古来民间就有制造土枪土炮的先例，我们也可以自己试着铸造啊！

　　他把这个想法对白老庭和马永标说了。马永标说，还是你这上过洋学堂的人想得周到，可是这火药哪里来呢？白老庭说，火药好说，一硝二磺三木炭，咱盐碱滩里有的是硝，磺和木炭也容易搞到，可谁会铸炮呢？马本斋哈哈一笑说，我会啊，我专门学过《火炮学》呀！我就担心，铸炮的钢和铁从哪里来呢？

"这好说，让各家各户凑呗！"马永标说。

"我看就是把全村的破锅破锨和破锄头都弄出来，也不够！"马本斋说。

白老庭好一阵没有说话，他吧嗒吧嗒抽着烟，突然将烟袋锅子猛地往地上磕去："本斋，有了，在子牙河里有一口上千斤的大钟，捞上来，铁的问题不就解决了吗？"

马本斋问："好啊，咱们明天就组织人去打捞！"

白老庭说的这口大钟，是韩村那座龙王庙里的大钟。原来挂在龙王庙前面那棵千年古松上。有一年下暴雨，子牙河发洪水，龙王庙被冲毁了，古松也被冲倒了，那口千斤大钟也就淹没在了子牙河里。按照白老庭和村里老人们的记忆，他们先找到了那座龙王庙的大概位置，然后几个队员就手牵手下了河。沿着下游，众队员一字排开，往前蹚那口大钟。蹚了一天，连钟的影子也没有蹚到。第二天，按照马本斋的意图，这回他们还是一字排开，手牵手向上游蹚去。终于，他们在韩村的小桥下，蹚到了大钟。

水性好的队员们潜水下去，用四根粗大的缆绳拴好大钟，把缆绳的一头拴在四头大黄牛的身上，四十个义勇队队员分列四周，马本斋一声吆喝，人牛合力，一步步将大钟捞上了大堤。

大钟黑乎乎的，沾满了河泥，长满了黄锈，横躺在子牙河堤上，在阳光下，像一个巨兽，张着大嘴喘着气。

大家欢呼雀跃，赶紧去洗大钟身上的泥沙。马庆功不解地问马本斋："本斋叔，你真神了，你怎么知道这大钟会在上游呢？"

马本斋摸了摸头上的白羊肚手巾，解释道："这个道理很简单，你们想想，这河是沙底，大钟压在沙子上面，大钟死沉死沉的，沙子又散又轻，上游的水来了，大钟下面的沙子被掏空了，大钟没有了沙子的支撑，肯定往前滚动，掏空一次，滚动一点儿，再掏空一次，再滚动一点儿，这么多年就滚动到上游去了。为什么在韩村这座小石桥下呢？这道理就更简单了，石桥挡住了大钟，它往前滚动不了了！"

马庆功不言语了，大家也都不住地点头。

白老庭双手交替着捋着胡子："我说本斋呀，你真是能掐会算啊！"

大家光顾了在这里高兴了，不想这时候又围上了百十口子人，不仅围上了大钟，而且还围上了马本斋和他带来的几十号人。

他们是韩村的百姓，听说捞上了大钟，前来夺钟了。为首的一个驼背老者，认识白老庭，他猫腰走到白老庭和马本斋跟前，仰坐在了大钟上，用颤巍巍的声音说："自古这千年大钟就是俺们韩村人的财产，白老弟白村长，你不能不言不语说捞就捞，说弄走就弄走吧！你们这叫偷盗，偷盗懂不懂？"

"是，不能偷走，得给我们留下！"

"俺们还要重建龙王庙，让大钟保护俺村的平安呢！"

…………

驼背老者后面的一群年轻人的拳头齐刷刷举起来，愤怒得像一片高低不齐的杨树林。

　　"怎么这河里的东西就成了你们的呢？"白老庭笑呵呵地说，"这么多年了，它睡在河里，也没见你们打捞啊！"

　　"它在水里也是俺们的，打不打捞是俺们的事情，你们管得着吗？"驼背老者拽住了缆绳，"今儿个有我张和在，你们谁也偷不走！"

　　马本斋走到了张和面前，弯下腰来和蔼地说："大伯，我们不是偷，我们是让这千年古钟再活起来啊——"

　　"怎么个活起来？"

　　"我们是用它筑成土枪土炮，打小日本啊！大伯，你不希望我们打走小日本，过好日子，过安生日子吗？"

　　"打小日本？"张和松开了缆绳，努力地抬起驼背，打量着面前这个高大魁梧的汉子，"你是谁？"

　　"大伯，我叫马本斋，东辛庄的！"马本斋报上了自己的名字。

　　"马本斋？马团长？你就是那个杀了旅长的小舅子，为抗日解甲归田的马本斋？你就是那个成立回民义勇队的马本斋？"

　　"正是晚辈。"马本斋一抱拳。

　　驼背老者的头仰起来，仰到最高处，仿佛把驼背都伸直了，他转过身来，对身后的韩村人喊道："乡亲们，这是马团长，现在是义勇军马队长，他们捞钟是用来造炮打鬼子的，他就是我们韩村龙王庙里的龙王，只有他才能保护我们的平安啊！这钟，让他们抬走，我们帮他们一起抬走！"

韩村的百姓们一片欢呼：

"同意！"

"好！"

"我们听张大伯的！"

"我们听马队长的！

…………

马本斋被韩村的乡亲们感动了，紧走几步，站在了桥上，大声地对热闹的人群说："乡亲们，今天算是我马本斋借韩村一口大钟，等打完日本鬼子，我再给你们重新铸一口更大的钟！让你们敲着钟，响当当地过好日子——"

大家又是一片欢呼声：

"马队长义气！"

"马队长讲究！"

…………

张和就走到了马本斋的面前，拉住了他的手："马队长，我想问问，你们回民义勇队要不要汉人？"

"大伯，我们回汉是一家，只要是真心抗日，我们当然要！"

那一天，义勇队不仅拉回来了千年古钟，而且还增加了二十多个义勇队员。

子牙河上第一枪

正像马本斋说的那样，那口千年古钟活过来了。它经过一次粉身碎骨，被铸造成了六十支火枪，还有二十门碗口粗细的火炮。这火炮枪管里面装上黑色火药，再填上废铜烂铁和大铁沙子，点燃炮捻子，引着了火药，废铜烂铁和大铁沙子就呈扇面状从炮筒里飞出去，像扫帚一样，一扫一大片。这种火炮就叫"扫帚炮"，因为一人拿不动，需要两个人扛着打，所以又叫"二人抬"。

有了这些火枪火炮，接下来就是寻找战机同日本鬼子真刀真枪地干一场了。

马本斋等待着，精心挑选着战机。

回民义勇队对日本人打响的第一枪是在子牙河上。那是日本鬼子一次"扫荡"刚刚结束后，义勇队得到了消息：两艘日军的橡皮船经常在子牙河上来回转悠，像是得到义勇队捞钟的消息来侦察，又像是来测量子牙河水的深度和子牙河的宽度，为日后的轮船运输打前站的。橡皮船已经开出河间很远，来到了韩村的小桥附近。

马本斋决定设伏打橡皮船，正好试试"二人抬"的威力。

伏击定在午后。马本斋集合起队伍，他让马永标、铜小山分别带上二人抬，埋伏在韩村小桥的下游两岸的树林里，自己带上马庆功等十几个人埋伏在小桥石栏杆背面，又命马进坡装作渔民在桥洞附近开始撒网，引敌人进入伏击圈。

开着橡皮船在韩村小桥上游转悠的日本兵发现了打鱼的马进坡，他们喊着"鱼的有？鱼的有？"就将船开过小桥。马进坡也招手喊着"过来过来，鱼的有，鱼的有！"就飞速地摇动渔船，向下游顺水划去。

马进坡在前面划，两只橡皮艇在后面追。渐渐地进入了伏击圈，东西两岸的马永标和铜小山几乎是同时喊了一声："放——"顿时二人抬开口了，两声巨响，震天动地，震得河水都发了颤，连马进坡都被震进了河里。随之两团烟雾骤起，弥散在子牙河的上空。两只橡皮艇同时中了炮，艇上的日本兵全部被扫进了子牙河。死了的就沉入河底，没死的组织起来，往岸上冲去，又被马永标和铜小山的第二炮轰进河里。他们就又逆流而上，游到了韩村小桥，想爬上桥反击。还没等他们靠近小桥，桥上的马本斋喊了声："给我打，为大哥和死去的乡亲们报仇。"

马本斋的镜面匣子和马庆功等人的火枪吐出了复仇的火焰。十几个日本兵一个不剩，全都倒在了子牙河里。

伏击了敌人的橡皮船之后，回民义勇队又伏击了一辆军用卡车。

根据马进坡带人搞来的情报，有一辆军用卡车要从沧州杜林运输枪支弹药给河间城的山本联队。马本斋连夜召集各小队长到练拳院开会，经过大家半宿的献计献策，一个奇袭运输车的计划终于形成了。

那天早晨，天有点儿小雾，正好便于义勇队员们隐蔽。马本斋指挥大家隐蔽在卡车必经之路的灌木丛中。春天的早晨，天还有点冷，有的队员哆哆嗦嗦的直抖。尤其是哈少符，瘦弱的身子抖动着，上牙和下牙还不住地碰撞。马本斋脱下了个坎肩扔给哈少符说："你要是胆小，就回村吧！"

哈少符穿上坎肩，牙齿仍然上下碰撞："表哥，我……我是冷，不是胆小，跟你打鬼子，怎么会害……害怕呢！"马本斋的大手就温暖地盖在了哈少符的背上，低声说："别抖了，隐蔽好！"

隐蔽到雾气快要散去的时候，才见一辆大卡车呜呜地开来了。近了，大家看到司机棚子里是两个日本兵，一个开车，一个坐在副驾上，后面车厢里坐着五个伪军。副驾上的日本兵攥着大枪，像狼狗一样不住地前后左右环顾着，汉奸们坐在弹药箱上，怀抱着"三八大盖儿"打瞌睡。汽车在黄土路上一阵疾驰，进入了一段坑坑洼洼的窄路。由于颠簸，司机嘟囔着，只好放慢了速度。当汽车拐入那段长满灌木丛的路面时，土枪土炮从灌木丛中伸了出来，顿时枪炮如雷，一齐向汽车射去。

车上的敌人被这突如其来的袭击惊呆了，从瞌睡中惊醒，赶忙组织抵抗。军用汽车不是橡皮船，一漏气就沉。军用汽车是个大乌龟壳子，钢板厚重，结实。铜小山的扫帚炮第一炮没有击中汽车的要害，汽车还能开。只见司机一挂倒挡，一打方向，掉头就往回跑。没跑多远，在薄雾中，突然从路旁蹿出来一辆马车，"嘎"的一声横在了路中间，司机来不及刹车，车头一下子撞在了马车上。赶车的人是马进坡，他把车赶到路上，人立即滚到了路边的沟子里。

马本斋一跃而起，大声喊道："永标叔，架炮！"

马永标和铜小山从灌木丛中站起来，将炮架在了肩上。

"瞄准，点火——"马本斋又大喊一声。

扫帚炮再一次响起，这回，铁片铁沙子准确地落在了汽车上，顿时烟火骤起，卡车里一片惨叫。

马本斋"唰"的一声，拔出背后系着红缨的大刀片，挥舞了一下，高喊："冲啊——"义勇队队员们从灌木丛中蹦出来，用拿惯了锄头镐把的粗手拿起了大刀长矛，呐喊着冲到了卡车前，刀砍枪扎斧剁，将没死的敌人全结果了。

马本斋对大家说："赶快抢出武器，不要被火烧坏了！"队员们七手八脚扑灭火焰，把车上的武器弹药全部抢了下来。经查点，共缴获十八支"三八大盖儿"，五支盒子枪，几百发子弹，几十颗手榴弹，还有一些被服和行军设备。队员们这回他们谁也不打哆嗦了，有的拎起一支"三八大盖儿"，肩上肩下来回折腾；有的揣上几颗手榴弹；有的打开了子弹箱，一发一发地数着子弹。他们在汽车旁蹦蹦跳跳的，乐得合不拢嘴。

马本斋抹着脸上的汗水说："弟兄们，咱们这两次伏击打得不错，现在有了武器了，回去以后，要加紧练用枪，练射击，争取打更多更大的大胜仗！大家有信心没有？"

"有！有！有！"队员们的回答形成一股声浪，将天空的雾气和烟气都惊散了。

　　马本斋对队员们说："快晌午了，大家扛上得来的家伙儿，排好队，整整齐齐的，回村让乡亲们高兴高兴！咱们自己的队伍能打胜仗了！"

　　其实，这胜利的消息，早就随着春风传遍了东辛庄和子牙河两岸。东辛庄沉浸在一片欢乐的气氛中。村民们早就守在村口，打着眼罩，伸长脖子，翘首远望着队伍了。

　　白文冠带着淑芳和一群妇女，抬着几桶子牙河特有的柳叶茶，拿着鸡蛋来慰问队员们来了。白老庭给队员们还准备了一坛散酒，递给了马本斋。"乐天派"马永长编了儿歌，指挥着小学校的孩子们传唱着：

　　　　回回好儿男，

　　　　出征打东洋。

　　　　初战显神威，

　　　　再战势力强。

　　　　回民义勇队，

　　　　扛上三八枪。

　　　　自造扫帚炮，

　　　　轰得震天响。

　　　　回回多威武，

　　　　抗日保家乡。

山本敬文来到了河间

不久，一张《东亚圣战》的战报被放到了驻守河间的山本联队司令部的桌子上，战报上一则消息惊呆了山本敬文：

> 匪回民义勇队，最近出现。在匪首马本斋的率领下，发明了一种扫帚炮。此炮威力无穷，杀伤面积之大，实为惊人；而且炮响之后，同时施放烟幕，硝烟弥漫，直冲蓝天……此之动向，应引起我大东亚之皇军的注意，并应认真对付，直至消灭之。

马本斋？马本斋！马本斋——山本拿着战报在屋里来回走动着。他不停地念叨着马本斋的名字，他记起了东北讲武堂那个高大威猛、智勇双全的东北军青年军官。记起了他扑到泥坑强化训练的认真，记起了他在猪谷一雄身上的脚和那一脸的倔强，当然也记起了自己赠给他的那把军刀，还有和他说的"师生之间，永远亲善下去"的话。山本本以为那话也就是随口一说罢了，自此山高路远，天各一方。谁知道命运就是这样不可思议，他任教期满没有回国，而是被日本陆军总部分给了冈村宁次，冈村提升他为大佐，并任命他为联队长，让他随日本第十师沿着津浦线南下，进驻河间府，去参与指挥冀中地区的战事。这样他就来到了他的学生马本斋的家乡。他常常想起马本斋的样子，想他在哪支部队里，想他肯定会混到个师长旅长什么的了，他做梦也没想到马本斋会解甲归田，更不会想到是他组织的回民义勇队，不仅打了大日本皇军的橡皮船，还伏击了运送军用物资的卡车。

其实当初山本是派他曾经的副教官，也就是现在的猪谷一雄中队长去过一趟东辛庄的，他是想让猪谷打探一下马本斋的消息的。可猪谷一雄却开了杀戒，杀了人，烧了房，还祸害了两个妇女。山本当然处罚了猪谷，他把猪谷叫到联队长办公室，就当着崔丰久的面，八嘎八嘎地骂着，啪啪啪地扇着他的脸，直扇得他自己戴白手套的手都疼了才肯住手。而对翻译崔丰久呢，他却直接掏出枪来，一枪打了过去。

他是想一枪崩了崔丰久的，但关键时刻却打偏了，他目前还不想打死崔丰久，他留着他还有用，目前立足未稳，皇军也是用人之际，就留着他吧。他把吓得尿了裤子的崔丰久拽了起来，指着他的鼻子说："你的，要帮助皇军实现中日亲善，东辛庄要当做示范村，要优待优待的，东辛庄毕竟是马本斋的家乡。"

猪谷一雄和崔丰久照办了，他们只是暗中打探马本斋的消息，却再没去东辛庄骚扰。

如今消息确实了，该怎么办呢？山本停止了在屋里的走动，他搓了搓双手，终于想出了一个办法。

山本把崔丰久叫到了屋里，对他面授机宜，让他按照自己的意思给马本斋写了一封信，并命令他派人抓紧送到马本斋的手里！

山本的信辗转送到了哈少符手里，哈少符又送到了马本斋手里。山本的信是这样写的：

本斋君：

自讲武堂一别，已有数载未见。你我师生曾相处甚洽，如今又近在咫尺，互为对手。闻君成立义勇队，对我部多有袭扰，然念及师生之谊，皇军不做追究。素知君胸有大志，颇具军事天资，恳请君择机来河间一叙，商谈亲善之事，图谋共存共荣大业。

山本敬文

马本斋让哈少符当着大家的面念完，哈哈地笑了。他问哈少符："这信是谁送过来的。"哈少符回答："是河间城里一个过去的邻居，托他东辛庄的亲戚送来的。"马本斋夺过信来，慢慢地撕成了碎片，他把纸片扔进练拳院的茅坑里。然后对大家说："什么师生之谊，什么河间一叙，什么亲善之事，你写一封信，让那个亲戚捎给山本，他是侵略者，我是抗日义勇军，要见我马本斋，只能是在战场上！"

山本看了回信，没有气恼，而是对猪谷一雄说："马本斋人才难得啊，我对他有足够的耐心，你们以后千万要小心，为了防止义勇队的袭扰，不管去哪里执行任务，没有一百人不许出据点，然后等待有利时机，一举歼灭他们！"

山本的警惕性提高了，防范加强了。他们增加了对各村"扫荡"的次数，每个村都修起了炮楼子。并用每月二十元饷银的高价，招募了大量伪军，以巩固据点。义勇队对敌人的袭扰增加了难度，正面作战吧，又人单势孤，武器装备不足。马本斋知道，单靠自己这百十号人，是干不成大事的，必须有更大力量的支持和汇入，才能实现他打更多更大的大胜仗的想法。靠谁的支持？他想到了张德鑫和他说起的朱德、毛泽东，想到了八路军的队伍，想到了在冀中传扬着的孟庆山、吕正操的抗日故事。于是，他让马进坡带人去寻找八路军了。

跟着八路去抗日

而此时，八路军的队伍也在寻找马本斋和他的回民义勇队。

当时，红军团长孟庆山受延安的派遣回到了冀中，已经成立了河北游击军。东北军 691 团团长吕正操也已经过小樵易帜，将部队改编为人民自卫军，成为一支在中国共产党领导下的人民武装。孟庆山司令收编了河间人马仲三的队伍"抗日义勇军第二师"，将其改编为河北游击军第十三团。吕正操司令也将定县、安国的回民抗日武装整编为"人民自卫军回民干部教导队"，马永恩任队长，萧秉钧任政治主任，刘文正为副主任。后来刘文正奉冀中省委和吕司令的指示到河间、献县一带发动回族群众参加抗日武装。孟庆山就以河北游击军第十三团马仲三部回族战士为基础，成立了河北游击军回民教导队，马仲三任队长，刘文正任政治主任。这样，再加上马本斋的回民抗日义勇军，就在冀中形成了三股回民抗日力量了。

马进坡经过努力找到了刘文正。刘文正就是在这种情况下，带着孟庆山司令的指示，由马进坡带着，踏进东辛庄的土地，见到马本斋的。

马本斋在自己家的大椿树下握住了刘文正的手。当时刘文正穿的是一身标准的八路军军服，灰色的，素雅整洁，腰间一支小手枪，背后还背着一个草帽，干练，精神。马进坡介绍了他寻找八路军的经过，刘文正介绍了八路军这边的一些情况，转达了孟司令对马本斋的问候。

刘文正说："马队长，我和你有相同的经历啊。我和你一样也上过军校，也当过兵，不过我是在保定军官学校肄业的，在北洋军阀的部队里也只当到了连长，比不过你马团长啊！但我们的心是一样的，我退伍以后，经过商，跟着我爹做过眼药生意，也想图个安逸日子。可日本人不让咱安逸啊，我就也拉起了队伍，干了革命。后来遇到八路军，才明白了只有共产党领导下的八路军，才不同于北洋军阀，不同于国民党，才是真正的抗日队伍啊，放心吧，马队长，跟着党走，跟着八路军走，没错——"

马本斋说："刘主任，你的话说到了我心坎里去了。八路军能支持咱成立回民教导队，说明他们看得起咱，把咱不当外人，也当做抗日力量来对待，这样的部队投我的脾气。国有政，民有党，咱穷人就是要找个为国为民为民族做事的党啊，这样咱才有靠山！八路军，共产党，我马本斋跟定了——"

在那棵茂密的大椿树下，刘文正和马本斋两双大手握得更紧了。

按照马本斋的意思，刘文正来到了练拳院，见到了白老庭、马永标、马庆功、铜小山等骨干，决定过两天在清真寺开个动员会，然后带领队伍正式加入八路军。

那场动员会开得相当成功。刘文正的演讲很精彩。事后按照马本斋的话说："共产党懂得咱回民的心哪，刘主任的话把乡亲们都说哭了！"

许多年以后，大家都还记得那个刘主任的演讲。刘主任说："乡亲们，我是刘文正，定县人，我们家经商有钱，我也上过军校，当过连长，小日子过得挺好，可我革命了，我参加八路了，为什么？日本鬼子来了，国民党跑了，我们要当亡国奴了。我的同胞被残杀，姐妹被蹂躏，房子被烧毁，日本兵连我们村的清真寺都不放过，也烧了。寺里的阿訇前去阻止，被日本兵用刺刀挑了。我们连个安心祷告静心念经的地方都没有了，我们怎么办？必须有自己的队伍跟小日本子干！不瞒乡亲们说，我曾经背着清真寺被烧毁的大批照片去到处宣传抗日，去号召热血青年起来抗日。后来八路军来了，我们才有了主心骨，才又有了我们冀中的天！乡亲们，你们都是好样的，回民义勇队更是好样的，但我们在敌人面前，还要团结起来，联合起来，强大起来，才能和日本鬼子干，才能救亡图存。"

马本斋带头鼓起掌来。他站到了刘文正的旁边说："愿意跟我马本斋当八路军的，都站到我和刘主任这边来！"

"我愿意——"

"我愿意——"

"我也愿意——"

…………

回民义勇队员都过来了，不是义勇队员的人也过来了一大批。马本斋让哈少符一清点，队伍已经增加到了208人。

回民义勇队就要出发了，就要去跟着八路军抗日了。小小的回民村庄东辛庄就像过开斋节一样热闹红火。白文冠、马永长带着乡亲们，孙淑芳、王英带着妇女们来送别。白文冠、孙淑芳这几天带着村里的妇女们按照刘文正穿的八路军军装的样式，赶做了一批军装，让一些人穿上了。虽然不大整齐合身，但干净、新鲜，穿上军装的高兴得来回走啊，跑啊，没有穿上的就一直围着白文冠和妇女们转，说大娘你们就继续做吧，我们也得穿啊，咱也是八路军，不能一样的客，两样待啊！白文冠就笑着答应着，好好好，孩子们，这回啊，仓促得很，等你们再回东辛庄来，保证人人有份儿！

马本斋和马进坡都穿上了新军装，他们精神抖擞地走到了白文冠面前，敬了个军礼，齐声喊道："娘——"

"哎——"白文冠幸福地答应着，拉过来他们的手嘱咐道，"老二老三，你们走的是正道，娘不拦你们，俗话说国破家亡，鬼子要是占了中国，你们也就没有家，没有娘了，跟着刘主任去吧，娘只有一句话，别惦记家里，好好打鬼子——"

白老庭也背着大刀精神抖擞地来了，他的大刀系着一大块红绸，在风中飘舞，像一团火。见他也站到了队伍里，马本斋走了过去，把他拽了出来："大伯，你年纪大了，就别去了！"

"什么？不让我去？我跟你干了这么长时间，你却嫌我年纪大了？"白老庭大声说，一副不情愿的样子。

"老庭伯，你看，不是不让你去，是这村里，这练拳院不能离开你啊！你还要打理这练拳院，培养人才，你还要给我们队伍输送力量呢。再说了，村里的抗日也少不了你去组织啊！"

白老庭同意了。他回身，命人抬来了一坛老白干，先给马本斋和刘文正俩人倒了一碗，自己也端起一碗，他一捋胡子，将碗高高举过头顶，用洪钟一样的声音朗朗说道："我们回族同胞为有这样一支新队伍，为有你马本斋这样的带头人，感到光彩。本斋啊，你们到了八路军那里，要多打胜仗，荡平倭寇，得胜而归！"说着，和马本斋、刘文正一饮而尽。

马本斋放下酒碗对乡亲们说："此去投军，是我马本斋和回回同胞的自愿选择，不管是枪林弹雨，还是赴汤蹈火，我们一定不负父老乡亲的厚望，不灭日寇，绝不回师！"说着，他把手一扬，大喊一声，"进坡，小山，点火——"

顿时，二十门大抬杆同时轰鸣，为勇士壮行，震天动地，响彻云霄！

队伍向着河北游击军的驻地出发了。

到了部队，马本斋见到了孟庆山司令，他与孟庆山做了一次长谈。孟庆山想让马本斋出任河北游击军参谋长。马本斋沉思了一下说："孟司令，我不是来当官的，我熟悉回民兄弟，我和他们有感情，我觉得当参谋长不如组织一支更大的回民抗日武装更能发挥作用。"

孟庆山欣然同意了，就把马本斋和他带来的人编入了河北游击军回民教导队，委任马本斋为队长，马仲三为副队长，刘文正为政治主任。

很快，就到了1938年5月，中国共产党冀中区第一次代表大会召开，根据会议精神，人民自卫军与河北游击军编成八路军第三纵队并成立冀中军区。军区司令员吕正操、副司令员孟庆山、政委王平、政治部主任孙志远。

6月，安平的回民干部教导队开赴河间，与马本斋领导的回民教导队合并变成冀中军区回民教导总队。下辖两个大队，五个中队，一个卫生队，一个警卫队。总队长是马本斋，副总队长马仲三，一大队长马永恩，二大队长马永标。

收编马维舟

　　找到了八路军，成为这支队伍中的一员，对于马本斋来说是幸福快乐的。他就像只鱼儿，找到了大海，就像雄鹰找到了天空。他和总队的领导们积极进行着部队的建设。

　　那时候，冀中军区刚刚成立，在后勤保障比较困难的情况下，还优先给回民支队提供了一些军需，别的部队都是每天每人五分钱菜金，可给回民教导总队的战士们每天每人支七分钱。尽管如此，对于这三支队伍组合起来的总队，仍然存在着给养、枪支不足的问题。军区领导号召总队开动脑筋，动员一切力量和智慧，自己补充给养、枪支，同时积极扩充人员。

　　刘文正带着一大队长马永恩悄悄地回了趟老家定县。那里是他的家乡，是他的老根据地。他就是在那里和萧秉钧、马永恩拉起一支回民抗日队伍的。他的父亲刘金宽老人是一个开明绅士，给予了这支队伍大力的经济支援。这次，他又让老人变卖家产，凑了五百块大洋，和马永恩背了回来。

　　马永恩在总队队部里，对大家比画着说："刘主任真是这个啊，"他竖起了大拇指，"他回到家里，啥也不说一下子就给金宽大伯跪下了，说孩儿不孝，为了国忘了家，让老人发落。"马永恩又竖起了另一只大拇指，激动得有点儿口吃，"金宽大伯也是这……这个，他让刘主任起来，问他这次回来又要干什么？刘主任就……就说拿……拿钱抗日。老人为了抗日，房……房子卖了，地……卖了。大伯拉着俺……俺们哭……哭啊，他说，我啥也不要了，只要你……你……你们把小日本赶出中国去。俺说，大伯，你放心，俺们回民教导队就是日本鬼子的克星，有俺们在，小日本就猖獗不了多久——"说到这里，马永恩不口吃了，他的话像水一样流畅起来。

大家给马永恩，当然更是给刘文正和刘金宽老人鼓起掌来。

马本斋给刘文正倒了满满一茶缸子水，大声说："刘主任，你就是咱教导总队的大救星啊！"

刘文正端着缸子猛喝了一气儿，揉了揉眼睛，他的眼睛有些发炎，布满了血丝。他说："总队长，哪里哪里啊，都是为了抗日！快通知供给处来拿钱吧，部队还等着穿新军装呢！"

初步解决了部队的后勤供应问题，马本斋想扩大兵力，他想将胜芳马维舟的一支回民武装争取到了八路军的阵营来。

争取马维舟是一件棘手的事情，也是一件危险的事情。刘文正有些担心。马维舟是个大财主，也是回族，曾和马本斋在东北军一起当过兵，在一次剿灭土匪后，卷着土匪的财物跑回了老家，当起了土财主。这几年手底下又拉起了三百多号弟兄，号称回民团。但成员非常复杂：有游寇，有流民，还有国特人员，队伍纯粹是靠着封建的青洪帮那一套关系建立起来的。争取他们，危险性极大。

马本斋说："老刘，你刚从家里弄来几百块大洋来建设部队，支持咱们打鬼子，你是毁家纾难，你连家都不要了，我马本斋难道还怕危险吗？不入虎穴，焉得虎子，咱不去争取，说不定就被日本人弄去当了汉奸呢！"

马本斋带着马进坡、马成功策马扬鞭，义无反顾地去找马维舟了。

见马维舟不是一件容易的事情。他家是高房大屋，横亘村口，仿照土匪山寨建筑。院墙犹如城墙，十几个哨兵巡逻把守，一有风吹草动，就鸣枪示警，大队人马立即赶到，房前屋后，房上房下，就会伸出许多黑洞洞的枪口，杀机四伏。

马本斋三人还没靠近村口，就被几支盒子炮拦住了："站住，你们是干什么的，报上名来！"

马进坡马成功刚要掏枪，被马本斋制止。马本斋手拿马鞭，双手抱拳，高声说道："我是八路军回民教导总队马本斋，前来拜访马团长！请前去通报吧！"

不一会儿，房前屋后、房上房下的黑洞洞的枪口消失了，穿一身黑色缎子裤褂、肩挎二十响驳壳枪的马维舟出现在门墙上，他打着哈哈说："不知守清兄大驾光临，有失远迎啊！守清兄现在顺风顺水，来我处有何贵干啊？"

马本斋拱手道："维舟兄紧守大门，恐怕不是待客之道吧？"

"哦，得罪，得罪！"马维舟这才让手下打开大门，将马本斋迎进门去。进得客厅，落座，客套，泡茶。马本斋说："维舟兄，长话短说，如今，日寇铁蹄践踏我中华大好河山，生灵涂炭。举国上下，抗日之火，风起云涌，不知维舟兄作何打算？"

马维舟一时不知如何回答，他喝了几口茶，才像噎着似的说："守清兄高举义旗，抗击倭寇，勇气可嘉，也为咱回回争了光，兄弟佩服，但你是你，我是我，兄弟有难处，我不想卷入这场战争了——"

马本斋说："维舟兄不想卷入，恐怕也不行了吧？你家大业人，有钱有枪有人，可你能过安逸日子吗？我听说前些天你大摆宴席，日本人来到了你的府上，吃喝拿不算，临了还抢走了如夫人。那可是你的掌上明珠啊！你就能忍下这口恶气？"

"常言说，杀父之仇，夺妻之恨，"马本斋继续说道，"维舟兄，作为人子，应该保护父母，作为人父，应该保护儿女，作为男人，应该保护自己的女人。你想想，你纵是良田百亩，家财万贯，妻妾成群，如今没有了国，你还能有什么家？你连自己的女人都保护不了，你还谈什么安逸的生活？你心里万丈怒火，你还谈不想卷入战争？你不想卷入，别人仍然骑着你的脖子拉屎，拉了屎不算，还要砍下你的头颅啊！"

马本斋的一席话，说得马维舟脸变得青紫。他停止了喝茶，猛地把手里的茶杯摔在了墙上，大骂道："狗娘养的小日本，实在是欺人太甚，老子真想拉出队伍去，和他们拼一场——"

马本斋语气和缓了一些："要想拼，就得参加抗日的队伍，就得跟着共产党走！共产党团结一切可以团结的力量，共同抗日，这里面就包括咱们回回，就包括你啊，维舟兄！咱们如果自己单枪匹马去找日本人硬拼，纵有三头六臂也不行啊！"

马维舟的心动了，但他还是想试试马本斋的真本事，他一抱拳，站了起来："守清兄，对共产党八路军我不了解，我只认你。我敬重你的为人，敬重你是咱回回的一条硬汉，你此番来访，兄弟也没有什么相送，我养着一匹好马，人称白鬃烈马，还有一把德国盒子炮，全新烤蓝的。我想让你在我后院骑马跑一圈，练练枪法如何呀？"

马本斋愉快地答应了："好吧，既然维舟兄有重礼相送，马某就不客气了，请——"

在马维舟的后院里，有一个几百米长的大空场，空场的北面有三棵老槐树，在每棵老槐树的树杈上，挂着一个白瓷茶碗，那是马维舟练枪法的地方。

马本斋来到空场，那匹白鬃烈马被牵了出来。白马一见生人，四蹄蹬空，嘶嘶长鸣。马进坡和马庆功不由得心里一紧，马是好马，但绝对不好驯服。马进坡上前对马本斋说："二哥，小心，别上当！"

马本斋没有说话，他将盒子炮掖在腰里，从马夫手里接过缰绳，对马维舟说："维舟兄，谢谢你的枪和马，我就不客气了！"说着飞身上马。

那白马身上从没骑过人，一旦生人加身，便把前蹄高高扬起，抖搂马背，想掀翻马本斋。马本斋骑在马上双腿夹紧马肚子，身子纹丝不动，那马放下前蹄，又想双腿屈膝，打滚滚下身上的人，马本斋这时提起缰绳，将马嚼子拖了几下，又紧紧地向怀里收去，那马屈膝不得，打滚不能，只得在院里奔跑起来。开始是小跑，跑着跑着就来了劲儿，四蹄飞奔，如箭如风。跑了几圈后，马本斋熟悉了马的步伐和节奏，当他再跑第四圈的时候，距离三棵槐树还有不足百米的之际，他突然把身体往下一倒，来了个漂亮的"镫里藏身"。看着的人大声惊呼，还没等人们的惊呼声落地，马本斋身体已经紧紧贴住了马背的一侧，他飞快地从腰间掏出盒子炮，当距离三棵槐树还有五十米远的时候，他举起了枪，叭叭叭三响，挂在树杈上的三只瓷碗全都打成了碎片，飞向了天空。

空场上的人们惊得张大嘴巴，好久才发出来喝彩声。

马本斋飞身下马，将马交给进坡，然后带着笑来到马维舟跟前："维舟兄，见笑，见笑了！"

马维舟再次抱拳，深施一礼："本斋兄，开眼，开眼了，本斋兄智勇过人，兄弟佩服，佩服！"

马本斋说："那维舟兄还有何顾虑？"

马维舟说道："没有了，我愿意跟本斋兄闯荡江湖，去报夺妻之仇！"

马本斋纠正着马维舟的话："不是闯荡江湖，是跟八路军共产党走上抗日的道路，不是只报夺妻之仇，是为所有的死难乡亲报仇雪恨！"

"对对对！"马维舟说。

"请问维舟兄何时启程，我们好列队欢迎！"

"五天为期，小弟我料理好家务，便带队速往！"

"好，一言为定！"

"一言为定！"

五天之后，马维舟如约而至，轰轰烈烈地带着他的回民团加入了回民教导总队，被编入第三大队，马维舟被任命为大队长，郭运为教导员。

成为党的人

那时候，冀中抗日根据地正处于"黄金时代"。日军正大举南下，作为华北的后方，盘踞在河间的山本联队以及肃宁、任丘的日军重点是守备铁路交通沿线，暂时对广大农村无力顾及，一段时期内，大的战事不多。军区领导命令回民教导队到河间沙河桥驻防，整训部队。

来到沙河桥，政治部主任刘文正犯了眼病。开始是眼睛发红，发炎。因为营养和药物跟不上，后来眼病加剧，眼睛视力下降，视物变形，有时候眼睛会流出血来，需要治疗。正好，冀中区发动各县成立了冀中回民抗战建国联合会，军区就调刘文正去担任回建会主任，派晋察冀第三分区回族干部丁铁石接任了政治部主任一职。

丁铁石一到，就和马本斋一起投入到了部队的整训中。两人分了工，丁铁石负责政治培训，马本斋负责军事培训。

队伍壮大了，但人员极其复杂。这支部队以回民为主体，兼有汉民，其成分以贫苦农民、小商小贩为主，其次是知识青年和旧军人，也有地痞流氓、土匪和小官吏，尤其是马维舟的第三大队，人员更是鱼龙混杂。部队虽然名义上是共产党领导下的八路军，实际上只有七八个党员，且处于秘密状态，党的力量比较薄弱。丁铁石摸清了这些情况，经请示军区，决定将党的活动在部队公开，结束秘密状态。在沙河桥的阎村，政治部共开办了四期青年培训班。主要是进行共产主义理想教育和党纲党章教育，培养党员干部。党员增多了，各大队都成立了党的分总支部，中队成立支部，排有小组，班有党员，党的建设开始辐射部队。

马本斋培训的积极性很高，他特别渴望成为一个像刘沛然、张德鑫、刘文正、丁铁石那样的人。

他愉快地接受整编，接受培训，参加学习，他从丁铁石身上学到了好多东西。他在搞好部队军训的间隙里，常常到政治部去翻资料，打听情况。共产党员、锄奸科长刘世昌送给他两本油印的小册子，一本是《党的建设》，一本是《党员须知》，他如饥似渴地学习，吃饭睡觉都不离手。马永标有次找他来汇报工作，见他捧着《党的建设》在不停地背诵什么，就笑着对他说："总队长，我看你是入迷了！"马本

110

斋说："叔，你说得对，我就是迷了，咱不迷党迷谁？我学习完，你抽空学习一下，你和进坡一块学，咱都得加入组织，你说是不是？"

那时候，《党的建设》和《党员须知》就由抽象的文字，变成了一盏明灯，天天照在马本斋的头顶，他走到哪里，就觉得那里一片明亮。

沙河桥位于河间府东，子牙河穿境而过。夕阳西下，河水被镀上了一层金色。马本斋约丁铁石来子牙河边谈心。

马本斋说："丁主任，自从到了咱八路军教导队，我才觉得我以前三十多年都白活了，莽莽撞撞，一路瞎闯，直到遇到了老刘，遇到了你，遇到了共产党，我才觉得这就是我依靠的主心骨。不但我变了，你看我们的教导队，经过一段学习和训练，都长知识长本领了，他们和过去都不一样了。"

丁铁石看着马本斋说："是啊，我俩都是从农村过来的，咱们穷人，咱们农民，没人组织，没人领导，那就是散沙一片，历朝历代的农民起义，尽管轰轰烈烈的，可到头儿来为什么都失败了？就是缺少正确的领导，李自成厉不厉害？都打进皇城，当了皇帝了，还是没成就大业，为什么？缺少长远的目标。总队长你在旧军队待过，你看吴佩孚为什么成不了事，张作霖、刘珍年为什么也成不了事，就是没有远大的理想。只是为了争地盘，争队伍，争利益，而很少为大多数人的利益着想，因此一叶障目不见泰山，只能是被自己所害啊！而共产党，毛泽东，朱德，他们就不同了，他们是经过长征，北上抗日，是为大多数老百姓的利益着想的，是为整个中华民族着想的，是深得人心的。咱们回民武装，只有接受共产党的领导，才能走上抗日的正确道路，你的抗日义勇队和我们现在的教导总队，才有希望，才能打胜仗啊！"

马本斋思索着丁铁石的话，一股清泉般的感觉注入心间。他的心被洗涤得清澈通透，他激动地问："老丁，你看我……能不能加入共产党？"

丁铁石长时间望着马本斋，他暗暗高兴，他觉得眼前的马本斋和前几个月相比，思想境界确实已经前进了一大步，他握住马本斋的大手说："总队长，你能啊，凡是愿意为普天之下受苦受难的劳苦大众打天下谋福利的，凡是愿意为共产主义奋斗终身的人，都可以加入中国共产党的！"

马本斋仔细咀嚼着丁铁石的话，他一点一点地吸收着，觉悟着，他的眼里就涌出了两股亮亮的东西，那晶亮的眸子能映照出子牙河水和子牙河两岸的树木庄稼，他面对丁铁石下着决心："老丁，往后，回民教导队就是我的家，党就是像我爹娘一样的亲人，不把日本鬼子赶出中国去，我马本斋死不瞑目……"

那天丁铁石和马本斋聊了很多，聊了很久。河滩上留下了两排清晰而结实的脚印。

第二天，马本斋郑重地向丁铁石递交了一份入党申请书。他在入党申请书上写道："……我决心为回回民族的解放奋斗到底，而回回民族的解放只有在共产党的领导下才能实现。”

教导总队党总支委员会把马本斋一心救国、迫切入党的愿望报告给了上级党委。很快，上级党委同意了马本斋的申请，经回民教导总队党总支委员会决定，由丁铁石和刘世昌两人介绍，马本斋被批准为中国共产党党员。

马本斋在以后的战斗岁月里，从没有忘记过入党宣誓的那一刻。第一项是唱《国际歌》。马本斋不会，总支书记说，你会哼几句就行了。马本斋严肃地说，那不行，我必须学会才行。他就把《国际歌》的歌词工工整整地抄在日记本上，让刘世昌用两天的时间教会了他。

“起来，饥寒交迫的奴隶，起来，全世界受苦的人，满腔的热血已经沸腾，要为真理而斗争——”几天后，马本斋就唱着这悲怆、激越、雄壮的《国际歌》，进行了入党宣誓。在教导总队政治部的那间小房子里，站在墙壁上鲜红的党旗下，马本斋虔诚地举起了拳头，庄严宣誓：“我愿意为共产主义事业而奋斗终身！”

成为党员的那一天，他彻夜未眠。

黑白花马跑回来了

冀中军区的红色抗日根据地声名远播，让敌人视为眼中钉、肉中刺。

1938 年 10 月武汉失守后，冈村宁次将部分日军从前线调回华北，对我抗日根据地进行大规模的"清乡""扫荡"。冀中军民展开了反"扫荡"斗争。回民教导总队开赴青县、沧县一带同敌作战。他们夜袭青县车站、在沧河公路上伏击敌人汽车队、围攻杜林镇，多次重创日伪军。

杜林战役是一次重要的战斗。守在杜林据点的是铁杆回奸刘佩臣部，共有五百余人，其任务是听命日军，长期防守杜林，保持沧县与河间的交通畅通。他们强迫群众掘沟筑垒，修筑工事，并且不断对附近村庄骚扰、抢掠，派粮派款，军民对他们恨之入骨。回民教导总队决定集中力量歼灭杜林镇之敌。

总队长马本斋做了战斗部署：一大队在镇东北角攻击；三大队在西南角夹击；二大队为预备队。任务明确后，各大队进行了政治动员和战斗准备工作。翌日夜晚，部队包围了杜林镇之敌。白天，与敌有些小接触，到了第二天晚上8时许，一、三大队向敌人发动了总攻，当夜全部突破了敌人阵地。

但是，就在激烈巷战的时候，三大队却擅自撤出了战斗。大队长马维舟率队叛逃了。

马维舟和他的部队是享受惯了的。来到八路军回民教导总队，不让抽白面儿，不让随便找女人，不让搜刮群众。组织啊，纪律啊，他和他的部队都受不了。在沙河桥军训时，马维舟把三大队带到了老百姓的庄稼地里出操、演习、训练，被老百姓告到了总队部，马维舟受到了丁铁石的严厉警告，并让其带队为老百姓补种庄稼。

马维舟本来就是为着报夺妻之仇来参加八路军的。山本敬文派人通过关系将他的姨太太要了出来，送回了胜芳老家，并派人偷着给他送来了一封密信，邀请他投奔皇军，许给他当皇协军副司令。只是他留恋胜芳老家，当时没有答应。就在马维舟指挥部队与刘佩臣巷战的时候，他留在老家的管家冒着炮火找到了他，传了姨太太的口信儿：要他别再给八路卖命了，家里的减租减息运动已经减到他家了，再不回去，命不但保不住，姨太太不但见不到，家、房产，也许都被减没了。

　　马维舟看着他的一个个弟兄在不停地倒下，他突然狂叫一声："弟兄们，咱不打了，凡是跟着我马维舟来的，现在跟着我马维舟走吧，我要给你们留条活命！"

　　马本斋是在带着二大队伏击青县增援敌人的阵地上知道马维舟叛逃这一消息的。他把部队交给丁铁石和马永标，从警卫员小金手里接过马缰绳，一扬马鞭，那匹白鬃烈马像卷起一堆白雪一样，旋转着、飞舞着、奔驰着，奔成了闪电，挟持着风雪，向东北方向奔去。

　　在杜林镇四里之外的登瀛桥上，马本斋的白鬃烈马拦住了马维舟的黑白花马。两匹马近在咫尺，鼻息相闻，头颈相交。马本斋拽住了马维舟的马缰绳，厉声问道："马维舟，你要到哪里去？"

　　"我到哪里去？"马维舟擦擦脸上的汗水和血水说，"我从哪里来，我就到哪里去。我要把队伍拉回老家，我要去收拾一下那帮穷鬼，看他们还敢减我的租子减我的息？"

"就为减租减息，你连敌人都不打了？就直接撤出战斗？"

"总队长，你算是说对了，日本不打了，大队长我也不稀罕当了。老子在战场上卖命，穷小子们在我家里减租减息，这让我怎么打日本？"

"马维舟，你不要这样目光短浅，你是一个八路军战士，一个革命者，你已经走出了你的地主家庭，你不能再用你原来的立场来对待减租减息了。减租减息是抗日政府的法令，是广大贫苦百姓的要求，我们八路军是共产党领导的人民军队，处处应该为人民的利益着想，要正确对待减租减息，要让大多数老百姓都有饭吃啊！"

"老子不听你那么多大道理，老子是当兵的不假，不是共产党。老子愿意当地主，过有吃有喝有姨太太的生活。"说着，马维舟从马本斋手里夺过自己的马缰绳，一夹马肚子，蹭着马本斋的白鬃烈马，就要下桥。

马本斋说："你这是可耻的逃兵！是革命的叛徒！"

马维舟嘿嘿一笑："逃兵？叛徒？马总队长，实话告诉你吧，我回去以后，那帮穷小子不减我的租子还则罢了，一旦非减不可，我还真要当叛徒，河间城的山本联队长都给我捎来话儿了！"

马本斋大喝一声："马维舟别胡说，快跟我回去，把队伍带回去，有什么事都好解决！"

马维舟气咻咻地给了黑白花马一鞭子，又踢了白鬃烈马一脚，奔下桥去，挥舞着胳膊大声嚷嚷着："弟兄们，凡是我马维舟的人，过桥——"

马本斋一抖缰绳，白鬃烈马冲下桥去，但继而又站住了，他冲着马维舟最后喊了一句："马维舟，我不能让你走啊，我不能让你成为叛徒啊——"

喊完，马本斋掏出马维舟赠给他的那把二十响的全新烤蓝德国盒子炮，打开大机头，颤抖着扣动了扳机。枪响了，子弹飞过马维舟耳畔。马维舟停了一霎，回头望了一眼马本斋，一挥鞭子打马而去。

马本斋一咬牙，又开了第二枪。这回，马维舟的后脑勺开了花，他扑在马头上，被马的冲力带翻了个儿，一下摔在了地上。那匹黑白花马停住了，回头嗅了嗅他的主人，然后四蹄飞过马维舟的尸体，向白鬃烈马一路奔来。

跟在马维舟后面的几十个叛逃者，都随着黑白花马跑回来了。

"总队长，我们不想逃跑，是受蒙蔽了！"一个战士跳下马来，单腿跪地，带着哭腔说。

"马维舟真是丢人现眼的东西！总队长，我们回去跟你干！"一群战士都单腿跪下了。

马本斋赶紧下马，逐个扶起战士们，说："别这样别这样，弟兄们起来，咱八路军官兵平等，只要你们跟我回去，我们都是兄弟啊！"

攻打杜林镇的战斗还在进行。由于第三大队撤出战斗，敌人开始集中力量反击一大队。一大队长马永恩被迫将队伍撤到杜林镇东北角两个小村庄内。马本斋决定将战事由强攻改为对敌围困。

战斗到第五天，被困之敌内缺粮弹，外无增援。刘佩臣只得在晚上率众突围。在突围中，也是在登瀛桥上，刘佩臣被敢开怀拼命追赶的马永恩击毙。

锋利的刀子与匕首

为加强冀中地区的抗日力量，保卫新生的抗日根据地，1939年1月，中央军委命师长贺龙、政委关向应率120师挺进冀中。从此，揭开了马本斋军事生涯的重要一页。

军区命令回民教导总队配合120师作战。能与勇猛善战的贺龙师长并肩作战，对于马本斋来说，是一次千载难逢的好机会。

那是一个严冬但绝对是一个温暖的日子，冀中军区所在地任丘县青塔乡，笼罩在一片神秘而喜悦的气氛中。在吕正操司令员的指挥室里，马本斋第一次见到了贺龙师长。那短短的胡须，那常拿在手里的烟斗，那稳健成熟的大气，虽然穿了一身洗得发白的旧军装，但仍然显露出一个身经百战的红军将领的硬气和霸气。

马本斋握着贺龙的手说："贺师长，冀中平原是日军一系列重要据点的心窝，你看，北有北平、东有天津，西有保定、南有石家庄，这些城市都有日军的据点，你们来了，就等于在敌军心窝里插上了一把锋利的刀子啊！"

贺龙吸了口烟，摆摆手："本斋同志，早就听说过你啊，东北军的猛虎团长，吕司令的同窗，回民抗日的带头人，你们才是匕首呢！"

吕正操司令望着两个人，笑着说："这回好了，一把刀子，一个匕首，管保叫敌人心惊肉跳了！"

那次会面，贺龙师长送给马本斋一本毛泽东的《论持久战》，马本斋送给贺龙一顶洁白的回民礼拜帽。

接下来他们联手的第一仗，就是共同围歼"六路军"了。那时候，周朝贵已经是六路军的司令了。当年，马本斋离开周朝贵的第三联队不久，史省三率"六路军"投入了河北省国民党政府主席鹿钟麟的怀抱，被改编为河北省保安第二旅、第三旅，被派到南宫、冀县一带驻防。后在日军进攻冀县时，两个旅伤亡惨重，史省三不知所终。周朝贵、陈连举率领残部窜回交河，接受了山本的诱降，不仅和抗日武装搞摩擦，迫害抗日，而且杀害地方党政干部和群众，意欲公开投敌。

冀中军政委员会决定：由120师一支队和回民教导总队歼灭这股顽匪。

马本斋回到回民教导总队的驻地，拿出了周朝贵赠给他的那把狼牙剑。狼牙剑和山本赠送给他的日本军刀放在一起。马本斋在战场上用的是快枪和大刀，但没事的时候，他总是把剑和军刀取出来，挥上一番，舞上一阵，然后他把它们重新放在一起。

他常常听到刀剑互相啮咬撞击的声音，他这时候总是小声地对刀和剑说："伙计们，别急别急，我总会把你们送给你们的主人的，但，绝不是简单的物归原主，我要让你们渴饮主人血，饿吃主人肉的。就像是马维舟的枪会追上马维舟的后脑勺一样，我想这剑和刀也会找到它们想找的合适的位置的。"

歼灭战如期打响。陈连举盘踞在交河北面的大徘徊村，归马本斋的回民教导总队管；周朝贵盘踞在大徘徊村西北方向三华里的王村，归由120师一支队管。两支队伍于当天晚上秘密进村，悄悄包围了村子。那时候，不管是周朝贵还是陈连举，都不知道死期临近，仍然派土匪骚扰村民，抓鸡抓羊，胡吃海喝。那是正月二十二的夜晚，天气还很寒冷，战士们都隐蔽露宿在村边街口，没有惊动老百姓。

深夜，120师一支队和回民教导总队分别包围了王村和大徘徊村，同时突袭进攻。为了避免群众伤亡，马本斋率领一大队二大队围而不打，让战士们分别向村里的群众和六路军喊话：

"乡亲们，我们是八路军，是抗日的队伍，请你们不要出门乱跑！"

"六路军官兵们，你们被包围了，赶快投降吧！"

"八路军优待俘虏，中国人不打中国人，放下武器，缴枪不杀！"

喊话在冬天的早晨显得清晰嘹亮，锐利地刺破夜空，刺向敌人的耳膜。离着教导队近的土匪举着枪跑出来一部分，另有一部分开始了反抗，马本斋一声令下：开火——火力猛烈地射向匪徒，没有一个小时的工夫，一百多名匪徒就被解决。一名营长和一名连长当了俘虏。

匪首团长陈连举带着二十多人占据着王秀才家的故居，宅高屋大，墙垛口上，枪眼密布，像一个岗楼。马永标和马永恩带人发动了几次攻势，都被打了下来，部队有了一些伤亡。

"怎么办？总队长！"马永恩又把褂子解开了，冬天的寒气扑向他的胸膛，他丝毫不畏惧，攥着两把驳壳枪请示，"我……我带着人硬冲上去，你让铜小山和马庆功准备扫帚炮，掩护我们！"

马本斋替马永恩系上了扣子："不急，等等，我知道陈连举这个人，凶残、顽固，杀人不眨眼，我可以用个缓兵之计，可以避免伤亡，来，警卫员拿喇叭来——"

不一会儿，就响起了一个洪亮的声音："房上的陈连举你听着，我是马本斋，我们已经是大军压境，你是无路可逃，你身上沾满了鲜血，本应就地正法，但八路军宽大为本，如你主动放下武器，我们会对你从轻发落的——"

哒哒哒，哒哒哒，回答马本斋的是一梭子一梭子密集的子弹。

马本斋一挥手，对跟在身后的哈少符说："去，通知铜小山，上扫帚炮，机枪架起来，给我狠狠地打——"

　　扫帚炮来了，铜小山和马庆功只放了两炮，那座高房就被轰开了一个缺口。轻重机枪哒哒哒一阵猛射，枪炮齐鸣，子弹向缺口飞去，落在了敌人群里。冲锋号响起，云梯架了起来，一中队长带着一个中队的年轻的战士们在机枪的掩护下，猿猴一样爬了上去，然后穿房越脊，直扑仍然负隅顽抗的敌人。陈连举躲在东厢房桌子底下，瞄准了冲在前面的一中队长开了枪。一中队长胸部中弹，哎呀了一声，就从垛口摔了出去，然后沉重的身体砸在了云梯上，又摔在地上。

　　马本斋惊叫了一声，飞奔过去，抱起了一中队长。他已经不会说话了，他望望马本斋，嘴里一口一口地喷着血，闭上了双眼。

　　陈连举被包围了，他哆哆嗦嗦地将枪口对准了自己的脑袋，开了枪。脑袋被自己的枪炸成了烂西瓜。

　　在王村的周朝贵想等陈连举的救援，却怎么也等不到，自知遇到了八路军的主力，再抵抗也是难逃一死，就扔掉一群土匪的死尸和抵抗的亡命徒，装扮成老百姓，带上小老婆和几个随从混出了村，抢了一头驴，骑着驴向东南方向的泊镇据点逃去。逃了一段，又觉得泊镇不保险，又驱赶着毛驴，折向了河间据点方向。他觉得还是去投靠山本更保险些。但是，几个人慌慌张张地逃到杜林镇的登瀛桥，还没来得及登上桥，就被马本斋带人追上来了。

"开枪，快开枪——"周朝贵歇斯底里地向随从们狂喊。

没等随从们枪响，嗒嗒嗒，嗒嗒嗒，马本斋、马永标、马庆功的长短枪一阵扫射，随从们树叶一样倒落在冰冻的土地上。周朝贵跑上桥头，将他的小老婆挡在了他和石桥栏杆前面，举起枪来，向马本斋射击，被马永标一枪击中了胳膊。枪掉到了桥下，他的小老婆吓得趴在了地上。

马本斋策马飞奔上桥，抽出那把狼牙剑，奋力一挺，刺破了周朝贵的咽喉。

至此，"六路军"被全部歼灭。

这次战斗共毙敌十八人，俘虏七百多人，全部被八路军收编，缴获各种武器五百多件。最重要的是缴获了战马二百匹，因此，回民教导总队后来成立了骑兵连。

哥俩捆在一起的尖刀

随后，就是著名的"齐会战役"。贺龙、关向应率领120师与冀中军民配合作战，集中优势兵力，基本歼灭了一向被视为华北日军"精锐之旅"——曾经参与南京大屠杀的日军吉田大队，共毙敌七百余人，在平原地区成功地打了一场歼灭战。

马本斋领导回民教导总队参加了外围打援的战斗。没有在贺龙身边直接参与和吉田的较量，成为马本斋一生的遗憾。但贺龙没让马本斋失望，战后，他和关向应检阅了回民教导总队。

消灭六路军、围歼吉田大队等胜仗，使日寇、汉奸大为震惊。他们在呈报日本华北方面军司令部的文件上说："贺龙此来对北支那之威胁更非昔比。尤其直接威胁平津，不容坐视。必须立即覆灭其势，以确立永久之治安。"

日军开始了"覆灭其势"的报复。为了阻止120师越过平汉线，重返晋西北，冈村宁次增兵山本，命令他在河间一带钳制贺龙部队，阻止120师西进，一旦钳制成功，他会立即在贺龙西部发起进攻，一定要重创120师。

马本斋的回民教导总队与贺龙部分手之后，仍然在沙河桥一带活动。山本为了不让马本斋知道他们的意图，他就派猪谷一雄带领一个日军中队和一个汉奸大队，进攻沙河桥，以分散马本斋部的注意力。山本的如意算盘是，不让马本斋与贺龙会师。然后各个击破，与冈村宁次联手，同时消灭120师与回民教导总队。

根据侦察员的报告，马本斋得知猪谷一雄的部队正朝他们开来，于是他开始积极地作迎战准备。可是有一点引起了马本斋的怀疑。那就是他们突然间与120师失去了联系，电报也发不出去。可丁铁石刚从军区回来，说华北的日军又要对冀中地区实行铁血政策，而且大批日本兵正在开始向河间集结。可为什么猪谷一雄却迎头向他们沙河桥的驻地开来呢？这个山本究竟要干什么？军区刚刚给他们配备的电台，明明是好的，可却又和军区联系不上，难道他们都在临战状态？马本斋觉得，这山本肯定另有图谋，绝不会只是单纯地派兵攻打回民教导总队那么简单。

情况十分危急。怎么办？马本斋与丁铁石商量后，说出了自己的想法，然后派出马永恩带一个中队出发，去吸引猪谷一雄，并且骚扰他的部队，目的是探听一下虚实。

军区的电报终于来了。电文是：山本联队已被加强，正朝你部所处区域开进，命令你部立即向东转移。另120师已遭日军包围，但已与我失去联系。

看完电报，马本斋清楚地知道，情况比他想象的还要严重。他找来冀中及太行山地图，观察了一会儿，对总队的领导们说："咱们哪里也不能去，就驻扎在原地，吸引敌人，掩护120师跳出敌人的包围圈，一直西进。"

有的同志提出了不同意见："山本的部队马上就到了，如果我们再不走，就会被日军咬到屁股，想走也走不了了！"

丁铁石知道马本斋向来以大局为重，但他还是轻轻地问了一声："总队长，你是想就这样牺牲自己？"

马本斋思忖着说："丁主任，虽然毛主席说不善于保存自己，就不能狠狠地打击敌人，但这次不同一般啊！120师会选择在冀中作为突围方向，贺龙师长很善于用兵，冈村宁次的真正目的是想将120师消灭于冀中，哪里有那么简单？贺师长不会与之纠缠的，他会立即越过京汉线的。"

丁铁石也恍然大悟："你是说，山本根本不是冲我们来的？"

马本斋点点头说："对，我想啊，山本摆出的架子是来围攻我们，但矛头实际上直指 120 师。"

丁铁石说："山本的实力虽然有所增加，但实力远远不及 120 师啊。这……"

"山本的真正目的不是想与 120 师决战，他只是冈村宁次的一支伏兵，他是想突击 120 师的右翼，进而钳制他们。一旦钳制成功，冈村宁次就会阴谋得逞，合围 120 师的。"

"你的意思是说，如果我们一撤出，120 师的侧翼就会全部暴露给山本了？"

"对。所以，我们不能撤，必须将此重担给担起来啊！"

丁铁石很担心，以前他们与山本交战，都是袭扰和小规模作战，这次是正面交锋。以现在的实力，说不定会全军覆没，于是他问："难道我们没有绝处逢生的机会了吗？"

马本斋笑着说："有，反钳制山本成功以后，你带着三、四、六中队先转移，我带进坡的二中队和铜小山的五中队拖住山本。"

马本斋下达了战斗命令。要一、五中队组成突击队，由他亲自指挥，其余各中队组成主力，由丁铁石指挥，跟随在突击队后面，间隔要在五华里左右。而突击队的主要任务就是要像一把尖刀，插入山本的心脏，刺他几个来回。总队主力在五华里以外隐蔽等待时机，如果突击队全部阵亡，总队其余中队要立即补上，一等到 120 师全部突围后立刻转移，走得越远越好。

大家见马本斋要率领突击队，纷纷劝阻。马本斋的大哥已经被日本给子给杀害，这次兄弟俩又都参加了突击队，要是出个意外，让马老太太还怎么活啊？

马本斋坚定地对大家说："请大家相信我，也相信进坡，我们哥俩捆在一起，这把尖刀才更加有力量，我们会活下来的！"

大家立即行动。出了沙河桥不久，突击队就和山本遭遇了。山本将突击队包围在了一片刚刚蓬勃起来的青纱帐里，而山本本人就在子牙河堤上的柳树林里指挥战斗。双方有了一段时间的僵持。

不能长时间地僵持着。马本斋明白，要是硬拼，山本的武器先进，炮火猛烈，绝对会被包了饺子。一定要想个万全之策。马本斋匍匐在青纱帐里，用望远镜望着天空，天空的云朵在他的面前悠闲地飘着，一会儿聚成山，一会儿聚成塔，一会儿形成江河，一会儿又形成高原。他望了一阵天空，立起来透过青纱帐望山本的阵地，他望到了山本的小钢炮。一个计谋产生了。

马本斋对身边的哈少符说："哈参谋，传我的口令，命令突击队向左前方移动五百米，要轻，要快！"

哈少符有点紧张："总队长，表哥，你看那小钢炮，咱躲得了吗？"

马本斋严厉地说："少废话，传我的口令！"

哈少符照办了。

马本斋又把铜小山叫过来，对他耳语道："你带领你的炮队，绕出青纱帐，绕到山本的背后，然后想办法靠近山本，用扫帚炮扫他一气儿，最好扫他个落花流水。"

铜小山行动后，马本斋让进坡带队左移："今天是场硬仗，山本肯定要给咱们一个大大的见面礼，一定要动静得当。带队伍埋伏时，一定要静，哪怕敌人的子弹咬到了屁股，也不能喊疼；逮着机会冲锋的时候，要动起来，要快如闪电，明白了吗？"

进坡带着队伍向左前方移动了。马本斋矫健地冲在了队伍的前边。

果然不出马本斋所料，山本的小钢炮开始猛烈地向突击队刚才隐蔽的地方射击。炮弹呼啸着，狂奔着，又准又狠地落在了没有队伍的青纱帐里，庄稼秸秆被连根拔起，湿润的泥土成块成片地扬起又落下，烟雾弥漫，火光四起。

哈少符吸了一口凉气说："乖乖，表哥真是神了，要不移动，我们肯定被炮火送上天了！"

马本斋瞪了他一眼，他赶紧趴在了地上。马本斋一拍哈少符的屁股说："去，和小金把我的白鬃烈马赶出青纱帐。"

不一会儿，那匹白鬃烈马受惊蹿出了青纱帐，马鞍倾斜，马背上冒着青烟，嘶鸣着在子牙河堤上狂奔而去。小金心疼地说："总队长，可惜了这马。"

马本斋说："一匹马换得一场战役的胜利，值，再说了，只要有缘分，这马还会回来的！"

山本望见了这匹马，他确信马本斋和他的部队已经被他轰炸得差不多了，他可是把炮弹全部搭进去了。他根本不知道，此刻铜小山已经绕到了他的背后，已经准备完毕，就等待时机开炮了。

这时候的山本还是明白的，他明白马本斋肯定会活着。他摘下眼镜，吹了吹镜片上的尘土，忽然突发奇想，他让人往青纱帐里送去了一部电话。

马本斋叫小金带人取来了电话，不一会儿，山本要通了。马本斋果断地拿起了电话。

"马本斋，别来无恙啊，我知道你还活着，但你的主要力量都被炮火消灭了。作为你的教官，我知道你善于用兵，肯定还有其他的部署。可惜，你今天撞到了我手里，你插翅难飞了！"

马本斋在电话里大笑："哈哈，两座山碰不到一起，两个人总有见面的时候，你我也一样。但，我们这是冤家路窄。山本先生，我过去跟你上课，今天被你包围，作为当年的总教官，你肯定很得意吧？"

"不不不，马本斋，哦，马总队长，你是我得意的学生，你带的队伍很会打仗，也没少和我作对，我也一再纵容你，没想对你下狠手。说实话，我不想让你就这样成为我的炮灰，我想让你为帝国效力。我现在的兵力十倍于你，摆在你面前的只有两个选择，第一个选择就是继续和我交战，不出今天，你就会战至最后一个人；另外一个选择就是站到我的队伍里来，还是那句话，咱们师生共存共荣共……"

"山本先生，"马本斋打断了山本的话，"别做梦了，过去，你是教官，我不会；现在，你是侵略者，我更不会。在我的心里，只有我的祖国，才是我共存共荣的。你不要得意忘形，乐极会生悲的。我知道你工于心计，善于谋算，但你太细致了，这会是你的致命伤。是，你打了半场好仗，可偏偏是上半场，下半场就由不得你了，你会前功尽弃的。"

山本敲了一下电话听筒："马本斋，你死到临头了，还执迷不悟！"

马本斋继续说："什么叫执迷不悟？山本，你是个中国通，可你读过这样一首诗吗？假如我们不去打仗，敌人用刺刀杀死我们，还用手指着我们的骨头说，看，这就是奴隶。这是我们中国一个爱国诗人写的，你知道我第一次读到这首诗的感受吗？我的血液在呐喊，呐喊的声音就是战斗，战斗。我告诉你，没有一个侵略者会有好下场，你绝不例外。你现在用你的望远镜看看我这里，我的部队丝毫未损，你再看看你的身后，也是我的部队。我也给你两个选择，要么给我滚出中国去，要么就成为我刀下之鬼……"

说完，马本斋挂断了电话。山本也扔了攥着的电话机。他真的看到了他不愿看到的景象。他气急败坏地拔出指挥刀，命令发起新一轮炮击。负责炮击的尉官立即报告，联队长，现在距离马本斋太近，我们的钢炮打不到他们，再说，新的炮弹还没运上来！

山本将指挥刀插在了那个尉官的肚子上。这时候，他的身前身后响起了密集的炮声，他觉得肩膀一麻，一个铁片击中了他。他连忙趴下，这时候，他的四周已经被铜小山轰成一片火海了。

听到铜小山的炮声，马本斋从青纱帐里一跃而起，率领突击队杀出了青纱帐，冲着铜小山撕开的口子，与他们配合着，呐喊着，一路血战，杀出了包围圈。

铜小山的扫帚炮打完了，山本组织起了惊魂已定的日本兵，对殿后的铜小山的炮队紧追不舍，最后将铜小山他们团团围住。炮弹打完了，枪弹也打完了，铜小山带领队员同鬼子拼起了刺刀。成群成队的日本兵，像一群群蝗虫在蠕动着，扎完一批，又冲上来一批，最后刺刀都卷刃了……

战士们一个个倒下了，血浸透了子牙河堤。最后，铜小山端着卷了刃的刺刀，冲过一群日本兵，趔趄着来到了山本的面前，沙哑着嗓子向山本刺去。山本的指挥刀劈了下来，将铜小山劈成了两半……

马本斋冲出包围圈，与丁铁石会合后，清点人数，部队伤亡很大。铜小山的炮队，一个人也没跟上来。

但，他们确保120师顺利突围了。

第 六 章

穿草鞋的红军政委

粉碎了冈村宁次和山本敬文合围120师及回民教导总队的阴谋之后，回民教导总队减员严重，士气有些低落。夏天来了，天气热了，部队尚未换装，还穿着厚衣服，枪多人少，用大车拉着行军，行动也不便，急需找个地方休整。经请示军区后，回民教导总队开赴定县、无极一带开始了整军运动。

部队到达后，受到了军区首长、军区机关和根据地人民的热烈欢迎，军区首长接见了大队以上的干部，开了欢迎会，并将回民教导总队的英雄事迹编成文艺节目进行演出。随后，换了新军装，补充了弹药，又将原来扩军而来的新兵一团、新兵二团补充到了部队，部队一下子扩大到了两千多人。一时，全体指战员士气大振。

整军了几个月后，又传来一个振奋人心的好消息，经军区批准，回民教导总队改为军区回民支队，建制直属军区。

任命马本斋为司令员，丁铁石任政治部主任，冯克为参谋长，又派参加过红军二万五千里长征的 120 师 359 旅团政治处主任郭陆顺任政委。

从此，这支回民的抗日武装就逐步演变成了冀中平原上的一支野战部队，迎来了她的"黄金时期"。

郭陆顺政委就这样走到了回民支队的视线里。他是湖南人，个子不高，身体瘦瘦的，按照红军的习惯穿着一双草鞋，一说话脸上带笑，年轻，稳当又朴素。就在整训队伍的杨树林里，在马本斋司令的陪同下，回民支队全体指战员听到了郭政委的简短讲话：

"同志们，我是来咱回民支队学习来了，你们从冀中平原的庄稼地里走出来，抛家舍业，举起了愤怒的拳头，砸向日本帝国主义，我打心眼里敬重大家。前不久，你们顾全大局，不怕牺牲，掩护 120 师顺利突围，贺龙师长是赞不绝口啊！让我给大家带来了话，他说谢谢同志们，不管走到哪里，都是一起打鬼子的好战友！今后，咱们就在一个锅里吃饭了，咱们回汉是一家，我郭陆顺没说的，一定当好回民兄弟的勤务员！"

杨树林里响起了激烈的掌声。一群喜鹊也凑了过来，呱呱呱地叫着。

就在这片杨树林里，郭陆顺给马本斋带来了两个消息。一个是他的老战友刘文正和马仲三同志牺牲了，一个是中央考察团要率工作组来回民支队考察指导。

"老郭，你快说说老刘和老马是怎么牺牲的？怎么会都……"马本斋非常震惊。

郭陆顺悲痛地说："刘文正同志不是到冀中回民建国总会工作了吗？他在建国会做了大量的工作，除回奸、平土匪，成立回民干部训练班，组织回民青年参军，咱们整编的回民新兵一团、二团大部分可都是他帮助扩来的啊！可前不久，他的眼病复发，军区安排他到肃宁县治疗休养。就在一次敌人的'扫荡'中，他在一个小村里被包围了，弹尽粮绝，和他爱人一起壮烈牺牲了。马仲三同志，是在你们被山本包围的时候，与猪谷一雄遭遇的。他带着他那支抗日武装，钳制着敌人日军的一个中队和伪军的一个大队。最后退到河间东九吉村被围，与敌人展开巷战。人打光了，子弹打光了，他和三个日本兵拼开了刺刀，被刺中肋部，他拼命夺枪，三个手指头都被刺刀斩掉了，仍然向敌人扑去，后面的日军又向他开了枪……"

马本斋手里拿着的杨树枝一下子就被他折断了，他用力攥着，树枝划破了他的手："怎么会这样？怎么会这样呢？"

"老马，你也不要过于难过，要抗日，就会有流血牺牲，我们活着的人，更要不屈地战斗，才能为他们报仇！"

马本斋点着头，他的眼前总是晃动着刘文正的身影。刘文正在他家大椿树下与他第一次见面，刘文正在清真寺的激情演讲，刘文正和马永恩背着五百块大洋风尘仆仆的样子……还有马仲三，副总队长，他的老搭档，由于不愿意离开河间这块热土，继续留在河间拉队伍抗日。离开的那天，马本斋给他派了两名警卫员，每人两支枪一匹马，还搞了个欢送会。分别的时候，马仲三拉住马本斋的手说："总队长，我离开总队，绝不是妥协，更不是孬种，离开这里后，我还要打鬼子。他娘的，小鬼子在咱们中国横行霸道，老子就不服这个气儿。你和军区放心，不把鬼子打出中国，我马仲三死不瞑目——"

他又想起了铜小山，想起了铜小山的炮队。铜小山跟着他从东辛庄出来，他走一路，铜小山跟一路，最后惨死在山本的刀下。在按照回民风俗下葬铜小山的时候，他的身体是让阿訇一点点缝合复原的，那天在场的人都流了泪……

如今，他们英勇地牺牲了，他们是好男儿，真汉子！马本斋想，如果他执意不让刘文正去地方，如果他好好做做马仲三的工作留下来一起打鬼子，如果他不让铜小山去伏击山本，会是什么结果呢？他不敢想下去了。阳光透过树林，斑驳着照到他的身上，照到他的流血的手上，他在斑驳的阳光里举起了手："郭政委，请求军区，我们要去战场杀敌，给死去的同志们报仇——"

马本斋的声音，惊起了林中的飞鸟，引来了旁边的队员们，他们都在树林里举起了拳头：

"郭政委，请求军区，我们要去战场杀敌，给死去的同志们报仇——"

在大江大河里游泳

中央考察团在叶明主任的率领下，对回民支队进行了考察指导。重点在政治上、军事上、纪律上进行了深层次培训。回民支队都记住了叶明主任的一句话，要在抗日的大江大河中学会游泳。

全部整军结束后，冀中军区命令回民支队开赴深南，建立新的根据地。1940年2月，回民支队出发，去抗日的大江大河里游泳了。

深南，即深县南部地区。其南面是沧石公路，西面是京汉铁路，成为连接冀晋鲁豫广大地区的枢纽，是日寇侵略中国的战略要地。原在深南地区活动的冀中军区南进支队在程子华政委的率领下讨伐伪军石友山去了；吕正操司令员率领冀中军区几个团到平汉路西讨伐伪军张荫梧去了。日军就利用我军南下之际，强迫百姓修公路、筑炮楼，屠杀我军民。这一片富庶之地成了敌占区。"抬头见岗楼，低头是公路，无村不戴孝，处处是狼烟。"回民支队就是在这种情况下临危受命的。

回民支队是沿着滹沱河北岸出发的，开始他们的行程并不顺利。在献县李家桥与敌人遭遇，激战摆脱敌人之后，马本斋发现哈少符没有跟上队伍，同时失踪的还有两个通信员。在越过沧石路，来到深南的起凤庄宿营时，由于有坐探告密，拂晓遭到了附近据点的袭击，虽打退敌人，但二大队长教导员黄澄等三十余人伤亡。到达深南后，回民支队广泛发动群众、严格执行纪律、不断捕捉汉奸，并组织了南花盆、赵家圈、魏家桥等小型战斗，才算初战告捷。

为了消除起凤庄战斗失利的负面影响，树立军队在群众中的威信，马本斋和郭陆顺决定打几个漂亮仗。于是就有了后来进入了抗日军政大学军事教科书的康庄伏击战和传奇式的榆科战斗。

选择在康庄伏击敌人是马本斋深思熟虑的结果。康庄距离衡水近几里地，隐蔽必须慎重。马本斋半月以来，一直亲自带着侦察人员到衡水及附近村落观察地形，摸索情况。在邢家村，他认识的一个姓赵的老汉，提供了一个很重要的情报。赵老汉前段时间，被抓到安家村据点去给日伪军帮了两个月的杂厨，累病了才被放出来。老赵每天起得很早，拂晓前，总听到安家村的鬼子汉奸要和衡水打据点的鬼子通一次电话，如果电话畅通无阻，则说明夜里没有八路军活动，两边都可以放心睡大觉。如果哪里有风吹草动，两边立即互相支援。

在康庄，他看到了公路两旁即将成熟的麦子，春风劲吹，麦浪翻滚。在公路两边，有一群群的民工在挖沟。他找到了当地的地方党组织，要求他们增加人员，把康庄公路两边的壕沟挖大深挖，越深越宽越好。

地方党组织的人不解地问："马司令，本来这沟就是日伪军强迫老百姓挖的，是为了防止咱八路军过来的，咱破坏他挖沟还来不及呢，干吗还帮着他往大里深里挖呢？"

马本斋笑着说："你让村民们去挖吧，到时候你就知道啥用场了！"

考虑成熟之后，他把自己的想法跟政委、参谋长及政治处主任沟通完毕以后，大家都表示赞成，郭政委笑着说："马司令，实在是高，你这叫围点打援啊！"

马本斋点头，开始战斗部署："这次战斗，第一大队围住安家村炮楼，于5月29日拂晓前开始佯攻，佯攻是佯攻，要让敌人觉得是在强攻。第二大队、第三大队由郭政委、丁主任、冯参谋长埋伏在康庄公路两侧的麦子地里，不管发生什么情况，蚊子叮、太阳晒、子弹打，都不准暴露目标，不准开枪，只以三发信号弹为号。我带着直属队埋伏在安家村及康庄中间的邢家村指挥，进坡和庆功你俩去窃听电话，一旦敌人拂晓报完平安之后，立即掐断电话。"

战事就按照马本斋的部署进行着。各个部门均按照事前计划进入角色。马本斋带队隐蔽在邢家村的草垛里、房顶上、碾棚里，还有炕底下。郭政委、冯参谋长、丁主任带队隐藏在即将收割的麦地里。风吹麦浪，如大河奔腾，而麦浪之下，是一条条鱼，在麦浪里潜泳着，毫无波澜。

拂晓，一大队开始了对安家村据点的佯攻。枪炮声、呐喊声、军号声，骤然响起，包围了安家村据点。安家村守敌立即向衡水炮楼报告了情况，并请求支援，衡水之敌答应天亮后出动救援。刚通完电话，再拨，已经没有声音了。电话被马进坡和马庆功准时掐断了。

衡水的救援部队天亮后果然出发救援了，有一百多个鬼子和二百多名伪军，他们直向康庄公路奔来。前面是两辆汽车，满载着日军，炮兵和伪军徒步前进。开始，他们急匆匆赶路，到了康庄村南，增援部队突然停下了，日军全部跳下了汽车，不一会儿就看见两辆汽车掉头返回衡水城里去了。日本兵集结在公路上，原地打圈儿。日军中队长高田带人向康庄村南的土窑走去，他登上土窑，用望远镜看了半天，啥也没看到，然后又向身前身后的麦地里打了一阵炮，还是没有发现任何情况。他这才把指挥刀一摆，翻身跃上战马，带着十几个骑兵在前，率领部队继续向北前进。

战马在康庄公路上奔驰，跑过了康庄。距离邢家庄还不到两百米的地方，十多匹战马突然四蹄腾空而起，哀叫着，乱蹦乱跳起来，接着扑哧扑哧一声声，跪在地上一动不动了。被摔下来的中队长高田和日本兵，绕马走了一圈儿，看看马肚子，不知被什么东西戳了一个个血洞，血像泉水一样往外喷着。他们用马鞭子抽马，没死的爬起来，但已经不听指挥了，开始乱跑乱踏，日本兵被踩踏得死的死，伤的伤。

其实这是马本斋的计中计。马本斋为防止敌人出现骑兵队伍，就将二中队的四个班，枪上刺刀，预先埋伏在了村外的交通沟里。当鬼子的战马跑到他们的头顶时，他们正好举枪就刺，给战马肚子来了个刺刀见红。

马本斋见敌人的先头部队已被收拾，大部队才刚刚进入康庄包围圈，立即对作战参谋喊："发信号弹——"

三颗信号弹腾空而起。郭陆顺、丁铁石、冯克率领伏兵从金黄色的麦浪深处钻了出来。顿时，麦浪里隐蔽的已不再是鱼，而是猛虎了。这群猛虎集中火力将炮火向毫无遮掩的公路上倾斜着，日伪军像被收割了的麦子一样，倒在了公路上。没有倒的，全部疯狂地跳到公路两旁的壕沟里。伏兵们不再射击，而是居高临下掏出手榴弹，毫不费力地扔了下去，有的还把手榴弹绑成一捆，向敌人砸去，壕沟里炸成了一锅粥。

这时，一个黑乎乎的东西从沟里飞了上来，落到了郭陆顺身旁，警卫员大喊一声："政委，敌人的手榴弹，快躲开——"

郭陆顺一看，乐了。哪里是什么手榴弹啊，是一只穿着皮靴的日本兵的断脚被炸上来了。

马本斋全部收拾完前面高田的马队，骑着战马，带着直属队又赶来，顺手端起鬼子扔下的一挺机枪，向妄图往沟上爬的日军一通扫射，鬼子又滚回了沟里。

战斗临近尾声的时候，赵老汉带着村里的百姓拿着菜刀、锄头、铁锹也跑来助战了，他们把公路上负隅顽抗的残兵都收拾。这时候再看沟里，活着的只有一些伪军了。

一个伪军小队长举着枪大喊："马司令，我们投降，活着的小日本都让我们打死了，你们应该优待我们啊——"

这个伪军小队长就被优待了起来。他对马本斋说："马司令啊，你们是天兵天将吗？天兵天将也得从天上飞下来的，你们是天地神将啊！本来，我们刚才村里有人跑来，告诉我们说是村里有八路埋伏的，所以，太君……哦，不，高田，才下令停车把汽车放回城里。但他还不死心，就来了一阵火力侦察，见没动静，才快速出发的，没想到，这一快速，就进了你们的口袋阵。没想到啊，在这衡水的眼皮底下，竟敢埋伏神兵啊！真是一群不要命的主儿！"

马本斋用手枪指着伪军小队长的脑袋说："我们不是不要命，我们是想用你们的命，换来我们的命，换来成千上万个中国人的命。算你聪明，放下了武器，要不，我们也会要了你的命的！"

这次战斗，只用了四十八分钟，就全歼了日伪军。回民支队无一伤亡。共缴获加农炮一门，八二式重机枪一挺，轻机枪三挺，九九式掷弹筒四个，长短枪一百余支，还有鞋帽、旗帜等。

郭政委的笑声更响亮了，他说："马司令，这加农炮，我们派人用骡子送到军区吧！"

"那得用多少头骡子啊？"马本斋说。

"得十几头吧！"丁铁石插言道，"那就把鞋帽、旗帜什么的，送给剧社演戏做道具吧！"

大家都围着政委主任欢笑着，高兴着，却见马本斋盯着一丈高的壕沟里的日伪军死尸出神，他听到了丁铁石说演戏，就对高兴着的战士们说："去，把他们的衣服剥下来！"

"干吗？"大家不解。

"演戏啊！我们下一场战斗就是要演戏了！"马本斋冲着大家神秘地眨了眨眼睛。

有意思的夏天来到了郭陆顺的草鞋上

夏天来到了深南这片被战火烧烤的土地，绿色和希望是遏制不住的，只要太阳还在，只要雨水还在，草就会生长，花就会盛开，生命就会绽放。

麦收以后，玉米种上了，大豆、高粱也开始了新一轮的生长。田野里一望无际，青纱帐还没有起来。

这样的夏天当然也来到了郭陆顺的草鞋上，来到了他单薄的身体上，他知道他和马本斋以及回民支队的战士们，注定要度过一个难忘的夏天了。

奇袭榆科的战斗就是在夏天发生的。自从马本斋让战士们剥下敌人的军服的那一刻起，郭陆顺就思索着要再打一场漂亮仗来激励战士们，来激励深南地区的抗日运动。政治工作只有在胜利面前才更有说服力。

在稀疏的蝉鸣里，郭陆顺来到了马本斋的屋里，发现他那本《论持久战》摊在桌上，夏风吹过，哗啦哗啦响着，像文字在书里不停地跳荡。而马本斋，嘴里也有语言在跳荡，而且还叽里咕噜地响着。

郭陆顺问："老马，你在干吗呢？嘴里不好受吗？"

扑哧一声，马本斋笑了，他停止了叽里咕噜，对郭陆顺说："老郭啊，我在练习日语，我想带队化装去打榆科据点，你看怎么样啊？"

"好啊，咱俩想到一起去了。"郭陆顺说，"你看啊，榆科镇位于深县南边，是一个伪军据点，它是插入我根据地、破坏我地方工作的一把尖刀，总觉得扎在咱们心上，不拔不快啊！"

"是啊，现在秋庄稼还矬，无法埋伏。我派人侦察了，根据敌情、地形及伪军分布情况，我认为智取胜过强攻！你想啊，榆科据点的敌人都是伪军，见了日本人像狗一样，如果我们化装成日伪军'扫荡'队，就可以大摇大摆地进入据点了！"马本斋说。

"好，"郭陆顺思索着，"但还要想细致点，一要保密，二要与地方上取得联系。"

"行，咱们立即召开会议确定人选！"

最后，马本斋让大家给拦住了。骑兵连指导员任振宇主动请缨，他说他会说日语。试着说了几句，果然可以蒙混过关。化装有现成的道具，康庄伏击战刚刚缴获的服装鞋帽、膏药旗一应俱全，重要的是可以一律配备刚刚缴获的日式武器，司令部做了充足的战前动员，挑选了六十多名连排以上的干部及骨干，四十余人装扮成一个日军小队，二十余人装扮成特务队，还配备上了翻译。丁铁石主任扮一日军，随队指挥。布置完毕，丁铁石带队当晚行动，夜行军四十里来到了榆科镇东南八里的一村子，封锁消息隐蔽了起来。

第二天下午3点，榆科镇周围村庄以及榆科据点上的伪军都看到了日军的"扫荡"队气势汹汹地走来了。他们吓得老百姓四散奔逃，吓得伪军的瞭望哨立即向最高指挥官——伪警备队长做了汇报：

"报告队长，有一支皇军的'扫荡'队，奔向咱们据点来了。"

伪军队长看了看这只"扫荡"队，心里犯着嘀咕：不对啊，没听说有皇军"扫荡"的消息啊，就赶紧拿起电话想向深县据点问问，一拨，电话不通，早被掐断了。

"队长，他们已经到了吊桥附近了，放他们进来吧，要不，皇军怪罪下来咱吃罪不起啊！"副队长在一旁说道。

伪军队长还在寻思，那边吊桥已经放下来了。伪军队长只好下令出据点列队欢迎。回民支队假扮的"扫荡"队大摇大摆穿队而过。伪队长来到了皇军小队长面前，深深地弯下了腰："太君，请——"

"小队长"骂了一句"八格牙路"，手就狠狠地抽过来了，叽里咕噜又说了几句，翻译上前，指着伪军队长的鼻子说："太君说你们磨磨蹭蹭的，动作太慢，耽误了大事！"

伪军队长一边捂着脸，一边呜呜囔囔说："你们不能打我，你们不……不是皇军！弟兄们，他们不是皇军……"

"皇军小队长"手疾眼快，一把抓过伪队长，大声喝道："对，我们是回民支队，赶紧命令他们缴枪投降！"

还没等伪队长发话，伪军队伍中就有人向"皇军"开了枪。"皇军"们的新式武器立即亮了出来，向伪军开了火，当场击毙二十多人，其余的全部缴械投降了。看守据点的伪军闻得枪声，赶来支援，想动手的都被"皇军"击毙了，没有动手的就都放下了武器。

半小时后，"皇军小队长"下令撤出战斗。

返回驻地以后，演戏就算结束了。扮演皇军小队长的任振宇把鞋子扒了下来，里面光着一双漆黑的大脚板。任振宇就光着脚板走到投降的伪军队长面前问他："你说，你是怎么知道老子不是皇军的？难道我装得不像吗？"

伪军队长再一次鞠着躬，哆哆嗦嗦地说："我在鞠躬的时候，看到了你们虽然穿着皇军服装和皇军的高筒皮鞋，但脚上没穿袜子，脚上不穿袜子就是你们的破绽啊——"

任振宇一拍大腿，哈哈大笑。

丁铁石指着他们的光脚说："咱们真是粗心，在康庄伏击战，脱日本兵的衣服和鞋子的时候，怎么就忘了脱袜子呢？"

丁铁石将这个破绽告诉了马本斋和其他支队首长，他们听了这个细节，也禁不住大笑起来。

郭陆顺在边笑边感叹："同志们，我觉得这真是一个有意思的夏天呢！"

紧接着，更有意思的事情来了。在以后的几个月里，回民支队粉碎了日伪军对深南地区为期五十二天的大"扫荡"，为了配合八路军主力部队的"百团大战"强袭深泽县城，激战四昼夜，两度入城，歼敌人一百人以上，完成了钳制敌人的任务。

为了表彰回民支队的卓越战功，冀中军区在第三次政工会议上赠给了回民支队一面锦旗，上书：打不烂、拖不垮，攻无不克的铁军。在延安的毛泽东主席也亲笔题词：百战百胜的回民支队！

第 七 章

沸腾的东辛庄

抗日的火焰燃烧在冀中平原，

伊斯兰的教胞挥起了战斗的臂膀，

在共产党的爱护培养下，

组织自己的武装。

高举起鲜明的少数民族的旗帜，

发挥勇敢善战的优良传统，

我们誓为回民的自由，

中华民族的解放，

永远跟着共产党，

直到最后的胜利，

直到敌人的灭亡。

不知什么时候，不知什么人开始了这首歌的传唱，紧接着，就传遍了回民支队，就传遍了冀中军区，就传遍了全中国。后来，这首《回民支队大合唱》就成了回民支队的队歌。

回民支队的指战员们，就是唱着这首队歌，点燃了深南抗日烽火的；就是唱着这首队歌，进入大清河畔，转战白洋淀地区的；就是唱着这首歌，开辟了无极、藁城抗日根据地，粉碎敌人的"大扫荡"的。如今，他们还是唱着这首歌，挥师东进，又奉命杀回子牙河两岸，回到了他们最初举起抗日义旗的地方。

这是 1941 年的 6 月末，冀中军区组织青（县）大（城）战役，命令回民支队到建国县钳制敌人。

于是，马本斋带队回到了他的家乡东辛庄。

夏天的子牙河水，夏天的东辛庄就这样沸腾了。特别是那些土生土长的回民战士，各自带着自己的战友住进了自己的家，坐上了自己家的炕头。马永标领着各大队长和教导员们进了自己的院落，马庆功带着中队长们回了自己的房子。东辛庄就以她热情的怀抱接纳了自己的子弟兵，家家炊烟袅袅，户户粉皮飘香，欢笑声在饭香里，也变得有滋有味，香到了战士们的心坎里。

马本斋的家里是最热闹的。门口拴着几匹战马，马永长在瓜地里给牲口拔来了一大筐青草，战马是首长们的坐骑，这会儿悠闲地嚼着清新的草料，不停地打着响鼻儿。郭陆顺、丁铁石以及回民支队第四任参谋长张刚剑都跟着马本斋回到了他家。能住下一大家子的几间房子平时还算宽敞，现在都有点儿挤了。

马本斋向白文冠一一介绍："娘，这是郭政委，这是丁主任，这是张参谋长。"

三位首长一一上前问候着白文冠："大娘，您老好。"

"好好好，你们回来真是太好了！"白文冠吩咐王英给首长们倒水，吩咐淑芳快去做饭，还一边介绍着，"这是进坡家，你们看到的，围着老头子看马的那个大一点闺女叫国凤，是她家的；这是淑芳，本斋家，那两个小一点的是她家的，闺女叫国志，小子叫国超，可淘了，呵呵。"

郭政委扶着白文冠坐下："大娘，您可是革命家庭，革命母亲呢！老大是为给乡亲们报信儿牺牲的，老二老三在咱回民支队，您和马大爷这么支持抗日，还有淑芳，都是妇救会长了。"

白文冠摆了摆手："快别说了，郭政委，比起你这老红军，我们可差远了！但咱们心齐啊，一人上战场，就得全家不闲着。"

"大娘，这几年想不想儿子啊？"丁铁石笑着问。

"想，想，怎么会不想呢？当娘的哪有不想儿的，可小日本不让你想呀！你们走了后，河间那个山本，比豺狼还很，把献县、河间、建国这一带糟蹋得不成样子了！"

郭政委喝了口水，站起来说："大娘，我们这次回来，就是要收拾山本这头狼的！"

"孩子们，你们一定要给咱老百姓出口气啊！"白文冠说。

"放心吧，大娘！"丁铁石、张刚剑一起说道。

白文冠和郭政委他们说话的时候，马本斋到灶间里帮助淑芳炸油香。吃油香是回回民族特有的风俗，而马本斋和父亲又都是炸油香的高手。起初，是淑芳炸油香上锅，马本斋烧火，后来马本斋看着淑芳累了，就自告奋勇地说，来，看看我的手艺。就换成淑芳烧火，马本斋上锅了。他一边干着，一边说着："咱家就是靠着炸油香炸馃子过日子的，当初我在口外，和咱爹——"

淑芳打断了本斋的话："别老说在口外的事情了，我都听了多少遍了，你跟我说说你们回民支队的事呗！"

马本斋用长长的竹筷子，把炸好的油香从滚开的锅里捞了上来，放到笸子上，又把几个生的放到锅里："咱回民支队啊，天天行军，天天打仗，一年打上百次仗，破坏鬼子的铁路、掐电线、砍电杆，打伏击、端炮楼，哎，我给你说说榆科那次化装打伪军的事吧……"

"你不打鬼子的时候呢？"淑芳又打断马本斋的话，"想啥了？也不想常给我捎个信儿回来，整天让人家提心吊胆的。"

"谁说不常给你捎信儿啊？扫帚炮、大炮、机枪、手榴弹天天都在平原上响，那就是告诉你和咱爹咱娘，我们在和小日本子战斗，在消灭他们，这不就是给你捎信儿了吗？"

淑芳的脸被灶火映得通红，她说："是啊，一听到枪炮声，我就知道你们在打仗，可是担心啊！有时候半夜醒来，真想插上翅膀去找你，给你缝缝衣服，做顿饭吃，或者帮助你们照顾一下伤员也是好的。俩孩子也醒了，问我，娘你是不是又想爹了？爹啥时候回来呢？"淑芳说着说着，眼睛湿润了。

马本斋放下手里的活计，赶紧过来，手抚了抚淑芳的肩头，给他擦眼泪："哈，看你，孩子们都老大了，可你却成了小孩子，这可不像在东北那个用笆篓扣住土匪柳林霸的淑芳，实话告诉你吧，我那时候就喜欢上你了。"

"去你的，那时候是我喜欢上你了，你在我心里是个大英雄。"

夫妻俩正唠着嗑回忆往事，四岁的儿子国超一下子蹦了进来，嘴里不住地嚷着："爹，爹，我要枪，我要你的枪。"说着就抱住了马本斋的腿。

马木斋摸着儿子的头："哎呀，儿子，枪有的是，都是缴获的日本鬼子的好枪，你能拿动了，爹就给你一把盒子枪，啪啪啪，连发的。"

"好，爹你说话要算数。"

"国超，爹问你，想爹了吗？"马本斋问。

"想。"

"哪里想？"

"这里。"小国超指着心口说。

马本斋一下子就把国超抱了起来："好儿子，让爹稀罕稀罕！"

一家人正说得热热乎乎，村长白老庭叼着烟袋进来了。他说："高兴啊本斋，一家子人团圆了。"

　　马本斋放下小国超，拿起个油香递给白老庭："老庭大伯，您来了，快吃个油香，新出锅的。"

　　白老庭也不客气，把烟袋掖在腰里，拿过油香就咬了一口，说："香，好吃，还是你和你爹的手艺，哈哈哈——"

　　"大伯，您好啊，几年不见，您身子骨还是那么硬朗，一想起您背着大刀的威风劲儿，我这心里啊，就有底啊！"

　　"本斋啊，放心吧，我这身体啊，棒着呢，我要亲眼看着小鬼子完蛋呢！本斋啊，我见到郭政委他们了，聊了一会儿，大伯问你，你们这次回来先不走了吧？"

　　马本斋说："不走了，不把子牙河的鬼子砸趴下，就不离开这儿了！"

　　"好，淑芳，咱们马司令可发话了，这一回你就放心吧，别哭天抹泪儿的了哈！对了，咱村那帮小伙子们接了你们的班，他们也在练拳院天天练功，这一次，我给你挑一批，带上队伍去！"

　　"好啊，大伯，您这村长当得好啊，有你在，咱练拳院肯定差不了——"

　　三个人说着，就把油香一起端到了郭政委、马文冠他们说话的屋里。这时候，进坡带着一个名叫李福亭的小战士，挑了两筐西瓜进了院子，放到了大椿树下，冲屋里喊着："郭政委，你们出来吃西瓜啊！"

郭陆顺一干人应声都从屋里跑了出来。马永长捧着一个又圆又大的西瓜，用刀切开，递给了首长们一人一块："尝尝，今年的西瓜长得满地都是，可甜了，比蜜还甜——"

首长们吃着西瓜，不住地说："甜，甜，好久没吃到这么甜的西瓜了。"

马进坡鼓动着腮帮子，一边吃着一边说："我爹哦，一见领导们家来，就让我去摘一筐西瓜，我可是摘了两筐呢！李福亭真逗，摸着西瓜玩儿，摸摸这个，摸摸那个，就是不敢摘，他说老百姓家的瓜怎么能随便摘呢！我说，没事，摘吧，这是我家的，他才摘了一个。"

那个叫李福亭的小战士红着脸笑了。

马永长也哈哈大笑："进坡，摘得对，一会儿啊你吃完，通知回民支队的孩子们，集体去摘，今个啊，这西瓜管够！"

"得令——"马进坡拿着块西瓜和李福亭就跑了出去，一边跑一边喊，"同志们走啊，去我家地里摘西瓜了，管够！"

白文冠也笑着喊道："看这孩子高兴的，进坡，你们就在瓜地里放开肚皮吃吧！"

山本敬文的"秘密武器"

1941 年 7 月 1 日，马本斋率领回民支队正式进入了建国县。建国县原来是中共冀中区献、青、沧、交中心县，是刚刚以牺牲的县委书记焦建国的名字命名为建国县的，虽然人口才仅有二十万，但战略地位十分重要，而且日伪力量也十分集中。这一带碉堡林立，地域狭小，路宽沟深，是敌人势在必争的沧州西面门户。为了钳制敌人，确保冀中军区青（县）大（城）战役胜利，回民支队在建国县与老对手山本敬文展开了一系列"推磨战术"。

山本得到了马本斋杀回老家的消息后，喜忧参半。喜的是他能又一次亲自带领部队与马本斋交战了，可以找准时机歼灭回民支队。忧的是他非常了解他的老对手的能力，就连上次围剿120师的战斗中，已经把他包围了，还能让他最后逃脱，这说明战胜马本斋不是一件很容易的事情。好在他现在有了一个"秘密武器"，到时候，他会很好地利用这"秘密武器"对马本斋发起最后冲刺的。

但，现在他还用不着，他相信他还有足够的能力同马本斋战斗。于是，就在回民支队进入建国县的第四天，他就组织沙河桥、景和、崔尔庄、里坦、王会头五处的日伪军分五路向回民支队的驻地曹辛庄发起了合击，但激战了七个小时，又让回民支队顺利突围了，还被他们击毙击伤两百余人。

紧接着，就又找不到他们的影子了，子牙河里没有，青纱帐里没有，村子里也没有。哪里去了呢？人间蒸发了吗？飞上天了吗？入了地了吗？反正没有。

"扫荡"，拉网式的"扫荡"。还用我们大日本皇军常用的战术吧！山本就纠集了三千多人对建国县开始了梳篦式的"扫荡"。可只去了一个村，侦缉队就找到了马本斋的踪影，他们出现在了大屯村。出发，包围大屯村。包围了，也没见到回民支队的大队人马，只看到了大约一个排的兵力。山本没有惊动他们，只是让部队跟着这一个排，在青纱帐里转来转去，直转了四五天，他没耐心了，决定消灭了这个排出口气，可正当他想下令出击的时候，他的身后却响起了枪炮声。他带领的先头部队被马本斋和县大队反包围了，那个排和回民支队的主力内外夹击，他的先头部队遭到了重创，猪谷一雄还被打伤了一条腿。事后他才得知，回民支队这几天就在大屯村外那条两华里长的道沟子里隐蔽着了。后来山本还知道，就在沟里，战士们枪已出膛，刀已出鞘，一面和他做着拼杀的准备，一面看识字课本，写战斗日记，宣传干事还拉起消了音的胡琴，战士们随着低声唱起了《八路军进行曲》。

真是大大的笨蛋，怎么就没发现这条长长的道沟子呢？

收拾残部，会合大部队，山本决定结束"扫荡"，返回河间县城。他在杜生炮楼里借了六辆汽车，配齐了军用物资，准备回河间重整旗鼓再做打算。可刚刚走出二里路，就被回民支队打了伏击。汽车被地雷炸毁了，被打得七零八落的，物资也被火烧了。三十分钟后，他在伏击的恐慌里清醒过来，再找目标还击，只剩下空荡荡的公路和空荡荡的树林和灌木丛了，打伏击的人早就插翅飞走了！哎呀哎呀，不可想象，真是不可想象啊，就在炮楼的眼皮底下，回民支队真是胆大包天了。一个多月的"扫荡"，被马本斋与回民支队拖得筋疲力尽。日本皇军的颜面何在，颜面何在啊？

山本回到了河间县城西大街，冈村宁次来了电话，除了训斥，就是施压，让他尽快消灭马本斋，否则就把他送回日本。山本一个人在他的联队司令部里一待就是一天，谁也不见。他在办公室里拿着回民支队领导人的名单，一个一个研究着，捉摸着。马本斋，郭陆顺，丁铁石，张刚剑……最后他还是用笔在马本斋的名字上打了一个勾。看来硬打不行了，皇军就各个击破，先从瓦解他们领导层开始吧！

他知道，也许还是马本斋好对付些。马本斋毕竟与他在东北讲武堂有师生之谊，又当过国民党的上校团长。刘珍年是没有好好地重用，如果大日本皇军不再剿灭他，而是再一次安抚他，也许还会有机会的。

他这次没有写信，他只是让崔丰久派合适的人带着金条、钞票找到了马本斋，给马本斋传话：马司令，皇军正在用人之际，你如果拉着队伍过来，最低给个师旅长干干，整个沧州十县都归你管！到时候钞票、美女大大的有！

马本斋没有为难传话的人，让他给山本带话回去：回民支队是共产党领导的抗日队伍，不稀罕他这些东西！你告诉山本，在他面前只有一条路，放下武器，缴枪投降。否则，回民支队会要他狗命的，侵略者是没有好下场的！

山本那个气啊，他抽出挎在腰间的那把东洋刀，一刀劈了下去，把从淮镇抢来的那匹汉朝石马雕塑劈开了一个口子。

山本知道，对付马本斋只有启用他的"秘密武器"了。他打通了便衣队的电话："你的，过来见我——"

这时候，哈少符又出场了。

哈少符，就是山本说的那个"秘密武器"。

现在出场的哈少符气色好多了，也比以前胖了一些。哈少符是在回民支队开赴深南途中在李家桥的战斗中离开部队的。那时候他是和两个通信员在滹沱河的一个沙坑里被鬼子抓住的，他们后来被押解到了河间县城。

在宪兵队的牢房里，哈少符也坐了老虎凳，被灌了辣椒水，上了电刑。但那时候他想起了参加回民义勇军时对马本斋说过的话："表哥，我哈少符今非昔比了，我长出息了，我好赖也是个五尺高的汉子，子牙河水向东流，别人能蹚水，我也能过河。打日本，杀鬼子，替大表哥报仇，能没我一份吗？"就是这句话，让他抗过了鬼子的酷刑。那时候，他一想起他表哥马本斋，他就觉得有力量有勇气当一个抗日英雄。在队伍中，马本斋对他很照顾，也很信任，他不能做对不起他表哥的事情。

但一件事情改变了他。那个深夜，他和另外两个通信员突然被宪兵队长伍次押到了河间城北的道沟里。他不知道这帮人想干什么，他被蒙上了双眼，他当时有意识，他琢磨着晚上还蒙眼，也只有小日本才想得出来。他觉得好笑。但接下来几声枪响，他就不好笑了，他觉得自己死了，他连意识都没有了。

当他再一次有了意识，是在一所温暖的房子里，他躺在温暖的缎子被里，贴身躺着的还有一个缎子一样的女人。

157

就这样，哈少符忘记了他和他表哥说过的话，也放弃了当一个抗日英雄的梦想。

"太君，听崔翻译官说，你又发怒了！"哈少符的声音还没变，还是有些沙哑，他摸着那个石马雕刻说，"刀砍石头，两两俱伤，太君，不能和马本斋硬碰硬啊！"

山本望着哈少符："哈桑，你的烟抽足了，该为皇军效力了。你的去，对付马本斋！"

哈少符在果盘里拿来一个苹果，递给山本："山本太君，我真的有一计，对付我表哥，不不不，马本斋。"

"你的快讲？"山本把苹果攥在了手里，用白手套擦拭着。

"山本君，你是中国通，肯定读过《三国演义》。哦，马本斋也喜欢读的。你知道曹操为什么能让徐庶进曹营吗？"

"为什么？"

"徐庶是大孝子，曹操把他的母亲抓到了曹营当人质，徐庶才哪里也没去，归顺了曹操。"哈少符说，"马本斋是献县四十八村出了名的孝子，要想他来投降，太君需学曹操啊！还有，马本斋有一个儿子和一个女儿，抓住了他们三人的任何人，一切不都好说了？哈——"

"哈哈哈，哈桑，你的高——"山本将苹果放在了嘴边，吭哧咬了一口，"你的带队，去东辛庄，抓到马老太太，钞票大大的有！"

"不不不，山本太君，我不能暴露，让崔翻译官去，我还有更重要的事情要做呢！"

"吆西，这回我要亲自带队，我要去东辛庄的看看，我要去拜访一下马本斋的村庄，哈哈哈——"

山本再一次大笑起来。

七月十五的火光

1941 年阴历七月初五，太阳刚冒红的时候，山本就命令河间、献县、淮镇的日军和皇协军五百多人，分三路包围了东辛庄。

包围是秘密进行的。山本这次是做了精心的准备的，就在昨天，他还命宪兵队派特务化装成卖桃子的来东辛庄进行了侦察，特意把桃子卖到了马本斋的房前屋后，孙淑芳还带着儿子国超来买了桃子。从母子对话中，卖桃子的推断白文冠在家。

敌人接近村口的时候，站岗的青抗先队员连忙引爆了一颗手榴弹，向村里发出了信号，但村里人听到信号，全体转移已经来不及了。村长白老庭只能指挥群众撤到村外，自己和一部分群众却被敌人圈到了村里。那时候，白文冠已经安排马永长带着淑芳和国志、国超跟着出村的人群，躲进了谷子地里。她和一家人走散了，没有逃出村子，就混在了这群被敌人圈回来的群众里面。

山本敬文、猪谷一雄骑着马带着人从西北方向冲进了村子。他们在崔丰久的带领下，直奔马本斋家。

快到马本斋家的时候，猪谷发现了一个老太太搂着一个小男孩躲在一棵老榆树后面。他翻身下马，瘸着腿跑到老太太面前，一把拽过光着屁股的小男孩，凶狠地问："他的，是马本斋的儿子？"

小男孩吓得哇哇哭了起来。

老太太瞪着猪谷，摇着头。

猪谷抱起小男孩："不是马本斋的儿子，死啦死啦的有！"他四下瞅瞅，发现不远处有口水井，就瘸着腿走到井边，把小男孩扔了下去。

老太太冲过来，哭叫着，骂着："你这遭天杀的东洋猪，还我孙子——"

猪谷的瘸腿被老太太抱住，一时挣脱不了，他掏出枪来，一枪打在了老太太的后背上。

山本走进了马本斋的家，他在那棵大椿树下面立了一会儿，又进了屋里仔细观察。屋里的墙壁上挂着马本斋的照片，他穿着军装，威严地望着山本，墙上还挂着一个牌匾，上面写着"惟德动天"。山本在马本斋的照片前叹口气，自言自语地说，马本斋啊马本斋，这就是生你养你的家吗？这就是你生活多年的东辛庄吗？我终于来到了这里。你现在如果还是我的学生，中日如果不交战，你说会是什么状况呢？你会让我在你的大椿树下喝茶吃西瓜吗？我会与你的父母坐在这土炕上一起说笑吗？不敢想啊！这么多年过去了，你不了解我，我也不了解你了，我们是不可握手言和的敌人了。

崔丰久跑了进来，联队长，抓到的人，都赶到清真寺里去了，我们该去撬开他们的嘴了。

山本的思绪被打断了，他不高兴地说："急什么急？让我好好看看，这就是抚育出我的学生、我的强大的敌人的房屋，我好好看看，恐怕过一会儿就看不到了。"

山本走进了更里面的屋里，发现墙上挂着一套八路军的旧军服，他摘下来掸掸上面的灰尘，仔细地看着。

崔丰久不解地问："联队长，这破军服有什么看头吗？"

山本一边抚摸着军服，一边回答："你的不懂，这上面可看的东西很多啊，你看，这上面有很多洞，这个补上了，这个没补。这都是子弹打的洞。皇军和马本斋打了无数次仗，射向他身上的子弹不计其数，你说怎么就不能伤害他呢？简直是神奇啊！"

"联队长，放心，总有一天我们会打死他的，他又不是刀枪不入！"崔丰久说。

"你算说对了，马本斋的，在我眼里，真的是刀枪不入啊！"山本挥挥手，又深深地叹了口气。

山本被崔丰久引领着来到清真寺。被抓来的群众干部都在清真寺的大殿，他们面前是全副武装的日本兵。机枪、刺刀、马鞭包围着他们，昔日他们祈祷的圣殿如今变成了审讯场和刑场。

山本走到大殿，在群众面前走着，看着大家，咳了咳嗓子，微笑着说："你们良民的不要怕，我是马本斋的老师和朋友，今天大清早跑到这里，是有事和诸位商量的。"说完，他向崔丰久一努嘴，"崔桑，你的讲。"

崔丰久站到了山本的旁边，清清嗓子，大声说道："父老乡亲们，今天山本太君亲自带皇军到此，一不催粮，二不抓丁，只是告诉大家一个好消息。你们还不知道吧？马本斋已经归顺了皇军，当了沧州十县的剿匪司令，正在大城和八路军作战。今天我崔某陪同山本联队长特地来请马老太太进城享清福！"他说到这里，又顿了顿，看了山本一眼，"都听明白了吗？这是件好事，大好事啊！哪位知道马老太太的下落，对皇军和我说一声，大大的有赏啊。"

山本满意地点点头，掏出了一沓钞票，向空中一晃："喂，你们的看看，说吧，说出来，金票大大的给。"

猪谷一雄瘸着腿，一挥战刀："说不说？不说，死啦死啦的有。"

崔丰久也挥舞着马鞭子："叫你们说什么，你们就说什么，要不就别怪皇军不客气了，惹恼了皇军，会拿机关枪突突了你们的！"

大家一阵静默。敌人开始去人群里拉人。

第一个被拉出来的是村长白老庭。猪谷揪住白老庭的脖领子问："你的说，马本斋的母亲在哪里？"

"不知道。"白老庭说。

猪谷就命令两个士兵把白老庭拉倒，用皮靴踩住他的头，用战刀刺穿了他的肩膀，说："马本斋的母亲在哪里？"

白老庭咬紧牙关说："我不知道，我好几年不在家，刚从外面回来。"

崔丰久上前问："你说说，你从什么地方回来？"

"营口。"

"在营口干什么？"

"扛脚。"

"给谁家扛脚？"

"哈庆生家。"

崔丰久老家在山东蓬莱，早年在东北上过大学，常去大连、营口一带，他很熟悉这家脚行，他父亲就在这家脚行当过管账先生。他和猪谷咕噜了几句，白老庭被放了。血从白老庭的肩膀上渗出来，顺着衣服滴答着。

崔丰久在人群中拉出了青抗先队员马维良和马维安。他们是在村南坑洼里被逮住的。

"小伙子们，"崔丰久说，"你俩说。"

"不知道！"马维良说。

"知道也不告诉你这个王八蛋！"马维安吐了崔丰久一口唾沫。

崔丰久给了马维安一马鞭，对身后的皇协军说："给我打，狠狠地打！"

打完了，再问，还是不知道。崔丰久就命令几个皇协军搬来梯子靠在墙上，把马维良和马维安绑在梯子上，又从清真寺的水房里提来了两桶水，拿了水壶，往马维良和马维安嘴里灌水。两个小伙子紧闭着嘴，敌人用刺刀撬开他们的嘴，把他俩的牙齿都撬掉了，血顺着嘴往下流。他俩的肚子一会儿就鼓了起来。

崔丰久吆喝着皇协军把两个鼓着肚子的人从绳子上解了下来。崔丰久走上前，用力在马维良肚子上踩着，马维良昏了过去。一桶凉水泼过去，他又醒了过来。崔丰久问："你这个土八路，说不说？"

马维良骂道："你这个狗汉奸，做梦！"

崔丰久开了枪，一枪打在了马维良的脑袋上，脑浆溅了一地。

马维安鼓着肚子，挣扎着起来，向崔丰久扑过去，猪谷狂叫一声，用战刀向马维安刺了过去。他在马维安的胸膛里搅了好长时间，剜出了马维安的心。

崔丰久提着马维安的心放在大家的面前，嚷道："看到了吧，谁不说，就和这俩人一样的下场！"

白文冠拨拉了一下前面的人，想挤上前，被大家拦住了："连成婶子，你不能去啊！"

敌人杀红了眼。他们又架起木柴泼上煤油，把青年哈元庆包上被子活活烧死了。紧接着又乱棍打着王兆喜。棍子打断了一根又一根，断了，他们就再换新的，继续打。王兆喜一声不吭。

这时候，白文冠使劲拨开人群，用力往前挤去，乡亲们又把她挤了回来。她就在人群里大声喊道："鬼子汉奸，别作孽了，你们给我住手！"

大家拦不住了，白文冠就挺直身子，奋力冲到了敌人的面前。

皇协军停止对王兆喜的棍打。

崔丰久问："你是干什么的？你让住手就住手吗？"

"你们这群臭日本、汉奸走狗，有能耐跟马本斋的回民支队去打，欺负好老百姓，算不了本事？"

"你是谁？"山本这时走上前去了，他预感这个老太太是有来历的。

"你们不是抓马本斋的母亲吗？我就是！"

山本惊异地望着白文冠，高大的身躯，头发尽管有些斑白，但整齐地梳着，脸上平静刚毅，拳头气愤地攥着，随时准备砸向前面。

没错，她就是马本斋的母亲，山本双手禁不住拍了起来，他走近白文冠，说："老太太，你儿子马本斋是大大的英雄，是我的好朋友，我们会亲善友好的，你的明白？"

"我早就明白，"白文冠指着面前三人的尸体，冷笑道，"你看看，这就是你们的亲善和友好？你们是群畜生、强盗、魔鬼，马本斋不会与你亲善友好的，我们也不会与你亲善友好的。你可以杀我们，但中国人是杀不绝的，中国人的骨头是折不断的！"

乡亲们听了白文冠的话，一起呐喊着，向敌人拥去，举起了拳头："中国人是杀不绝的，中国人的骨头是折不断的！"

山本慌了神，向空中放了一枪，对猪谷和崔丰久一挥枪："快快的，带着马老太太开路！"

"是！"崔丰久赶紧过来搀扶白文冠。

白文冠说："滚开，我自己会走！"她边走边对乡亲们说，"老的少的们，你们放宽心吧，我只求你们一件事，告诉我儿本斋，别管他娘，狠狠地打鬼子！"

白文冠被敌人放上了小推车，吱扭扭吱扭扭地推走了。

山本把崔丰久叫到跟前，轻轻地说："清真寺，不能留，马本斋家的房子也不留，通通地烧掉！"

一时间，烟雾起来了，在太阳下，东辛庄笼罩在一片火光里。

白文冠再也不能回来了

白文冠这一走，她就知道，自己再也不能回来了。

山本先是把她关在臧桥据点，又在七月初七的那天用卡车派一群荷枪实弹的日本兵秘密押送她来到了河间日本宪兵队。

河间日本宪兵队是长在冀中平原上的一个毒蘑菇，可在这毒蘑菇里面居然有一个明净的客厅。下了车，白文冠就被带到了这个客厅里。迎接她的是摆好的丰盛的宴席，还有各式糕点和水果。宪兵队长伍次和崔丰久早已等在了那里。

伍次命人把白文冠扶到了餐桌前，指着餐桌说："老太太，你的请，您是山本联队长的贵宾，可以大大地享用。"

她没有看桌子上的菜肴和点心、水果，而是把头扭向了一边。

崔丰久笑嘻嘻地解释道："马老太太，这是按照你们的风俗习惯，在回民饭馆做的，吃吧，吃两口吧——"

白文冠说："我在自己的家里吃惯了，你们的东西不对我的胃口，我不喜欢。"

说着，她将凳子转过来，把后背对着了餐桌。

伍次把她的凳子又转了过来，大声喝道："你的，不吃死啦死啦的。"

她噌地立起来，对准伍次的脸吐了一口痰："你吃吧，你们的东西只能喂狗。"

痰正好落在了伍次的额头上，像一块石头一样砸在伍次的心上。伍次龇牙咧嘴，气哼哼地走出了客厅。

审讯正式开始是在晚上。宪兵队长伍次先是带几个宪兵，押着白文冠到这个毒蘑菇里的各个房间转了转，看了水刑、电刑、烙刑和吊刑，接着又把她押到了那个明净的客厅。餐桌还没有撤，又在对面摆上了三张条形桌，伍次坐在正中，崔丰久和记录官坐在两边。

伍次向白文冠问了很多话，姓什么？叫什么？丈夫是谁？家住何处？有几个儿子？都在做什么？白文冠望着伍次和崔丰久，闭口不答。

伍次气得站起来，一拍桌子："你的说，你的二儿子是谁？"

白文冠这回说话了："你们装什么糊涂？他就是你们悬赏捉拿的马本斋。"

"吆西吆西，"伍次说，"你的交代了大大的好，马本斋大大的英雄，你的让他过来，钞票大大的有！不来，死啦死啦的。"

崔丰久对白文冠解释着："皇军说的是。共产党八路军快完了，哪里打得过大日本皇军啊。你儿子在那边可不保险哪！你看他们东跑西颠的，让皇军撵得像兔子一样，多受罪啊！您老不如给马本斋写封信，劝他到这边来，在那边做多大的官，这边也给多大的官，不，比那边的官还要大。那时候，再把你家老爷子接过来，你们一家子花不完的钞票，享不尽的荣华富贵啊！"

"儿大不由娘呀！"

"都知道马本斋是出了名的大孝子，你只要写一封信，他一准儿会过来的。"

"我儿子不图做官，不当卖国贼！"

白文冠一句话说得崔丰久嗓子冒了烟，他咽了口唾沫，继续说："老太太，你怎么这么死心眼儿呢？常言道，千里做官，为了吃穿。在皇军这里，有山本太君的关系，比跟着共产党瞎混强得多。再说了，共产党八路军消灭宗教，还有你们回回的好果子吃？人家皇军大老远的跑来干什么来了？

还不是帮助你们消灭共产党八路军？"

"闭上你的狗嘴，我耳不聋眼不瞎。杀人放火的不是
共产党八路军，是你们这群强盗畜生！东辛庄清真寺是谁烧
的？我家的房子是谁烧的？杨家桥的阿訇是谁活埋的？马维
良、马维安、哈元庆是谁弄死的？"白文冠越说越有气，她
骂了起来，"你这个混蛋，大晴白日的，满嘴喷粪，告诉你
吧，我儿子当八路是我叫他去的，我儿子打你们也是我叫他
打的。想让我们当亡国奴，休想！想要本斋投降，瞎了你们
的狗眼！"

崔丰久把这些话翻译给了伍次，伍次狂叫八格牙路，拔
出战刀，摔在桌子上，又举起手枪对准白文冠。崔丰久拦住
了伍次，对白文冠说："老太太，你这样刁，对你可没什么
好处？"

"要杀要剐随你们的便！来吧，往这里打！咱回回骨头
硬，你们打不烂！"她拍着胸膛说。

伍次把手枪收了起来，却跷起了大拇指："老太太，你
的，大大的厉害！"

第一次审讯就这样失败了。山本训斥了伍次和崔丰久一
顿，又把这一案件交给了河间县伪政府县长孙蓉图去办理了。

山本的如意算盘是以中国人治中国人。

在河间伪政府看守所里，孙蓉图穿着长衫、头戴礼帽来
了。他身后跟着秘书、翻译和伪警察局长刘永江。他们轮流
劝说，软硬招子都拿出来了。

孙蓉图给白文冠留了一沓钞票，被白文冠扔回到了他脸上："你这个铁杆汉奸，留着钱给你的爹娘烧吧！"刘永江恶狠狠地说："老太太，你别厉害了，共产党八路军快完了，你儿子不过来，只有死路一条！"白文冠愤怒地指着刘永江的鼻子说："除非你们杀光了老百姓，不然快完了的是你们，你们完蛋了，就该去祖宗面前反省了。"

孙蓉图灰溜溜地被骂走的第二天，他就让县政府传达长——佟万城将白文冠接回他家去住了。

佟万城今年五十多岁了，也是个回民，他原是个小商人，后来被孙蓉图招到了伪县政府。山本了解到。佟万城的妻子有个亲戚在东辛庄，论起来乡亲辈分，往白文冠叫妗子。孙蓉图给佟万城的任务是：让她不死，让她吃饭。

说是佟万城接白文冠回家，实际上是由六个荷枪实弹的日本兵，押送着一辆花轿车从伪县政府送来的。

花轿车走了以后，佟万城的妻子喊着妗子，将白文冠扶到了屋里，服侍她躺下，凑近她耳边说："妗子，到家来了，别难受了，想吃什么，尽管说！"

"闺女，我看见你就好受了，我不难受。"白文冠掉下了眼泪。

佟妻给白文冠倒了一杯茶，白文冠不喝，她说："闺女你不要倒茶，也不要做饭，我什么都不要。"说完就闭上了眼睛。

晚上，白文冠醒来，一眼看到了她面前桌子上的点心、水果和枕头下面的钞票，她看了看佟妻问："万城呢？"

"我在这里，妗子。"佟万城应声走进来。

"万城，你说这些东西是哪里来的？"

"妗子，你别多心，这是乡亲们送来的。"

"不对，赶快把这些东西拿走，咱们是中国人，不能用日本人的东西。"

"对对，妗子，我马上拿走，你别生气！"佟万城敛吧敛吧，收拾出去了。

佟妻把饭菜端过来，放在白文冠的面前，她摇了摇头，又闭上了眼。

"妗子，都六天了，你饭也不吃，水也不喝，这怎么行呢？妗子，你放心，这饭不是他们的，是我专门给你做的，"佟妻都带了哭声儿，"你还不相信我吗？"

"闺女，"白文冠慢慢睁开了眼睛，"不管谁的，我都不吃，我吃了就随了他们的愿了！万城是给他们做事的，也许你们没有坏心眼儿，但你们要明白，为什么要把我送你们家来？他们是想让你们看着我，劝着我，吃饭，好让我有力气给本斋写信，劝他，你们不能给日本人当枪使啊！"

佟万城进来，走到白文冠面前，跪下了，他说："妗子我混这份差事也是为了养家糊口的，我没做过坏事，我敢向你起誓！本来山本和孙蓉图吓唬我，让我劝你，说保护不了你，就让我掉脑袋。妗子，你一个老太太都这样有骨气，我堂堂的男子汉，还怕掉什么脑袋？放心，妗子，我如果能过这一关，肯定出去自己还去做自己的生意，摘了这顶回奸的帽子！要是说话不算话，就叫马司令牛刀子剜了我——"

白文冠点了点头，又说："你还得起誓，凡是鬼子和汉奸的东西，都不要拿到我这里来！"

佟妻也跪下了，哭着说："妗子，我再也不让他要鬼子汉奸的东西了，我也不想让别人说我是回奸家属。可是妗子，你不吃饭会饿死的，我看着心疼啊！"

"闺女，我就没想活着回去，"白文冠喃喃地说道，"只有我死了，小日本才断了念想，你本斋哥也才毫不犹豫地去打鬼子啊，这一步，你妗子我早就考虑好了。"

白文冠就这样在佟万城家住了三天。从佟万城和孙蓉图的汇报中，山本没有得到他想要的结果，他不得不亲自出马，同时使用他的秘密武器了。

就这样，他带着哈少符，在孙蓉图的陪伴下，来到了佟万城的家。

"老太太，"孙蓉图走到了白文冠的床前，"你看谁来了？你的侄子，还有你儿子的老师，山本太君来看你来了？"

"大姑，"哈少符上前握住了白文冠的手，"侄子来晚了，让你受苦了！我对不起你啊，也对不起我表哥。哦，所以今天赶紧陪着山本联队长来看你来了，他想好好和你谈谈。"

"你滚开，离我远点。"白文冠摆脱了哈少符的手，扭过身子去，背对着这几个人。

"老太太，你的，想得怎么样了？该给马本斋写信了吧？"山本上前鞠了一躬。

"老太太，想开一些吧，大日本皇军在子牙河打了几次大胜仗，把回民支队打死了不少，你赶紧写信叫你儿子过来，要不等把他打死或者抓过来，后悔可就晚了，"孙蓉图说，"这世界上可是没有卖后悔药的啊——"

白文冠又把身子转了过来，用手费力地指着孙蓉图："别胡诌了，闭嘴！想消灭回民支队，想抓马本斋，哪有那么容易？你们要是能抓到他，还要我写信干什么？你们去抓啊！"

山本冲哈少符一抬下巴，哈少符就蹲在了白文冠的床前说："大姑，你就给我表哥写封信吧，就凭他和山本太君的师生关系，还能亏待得了他？你看我，不比回民支队那时候混得好？我早当了便衣队长了都，我还兼着总税局长呢，都是好差事！"

"呸！你还靦着脸说？"白文冠骂着，"哈少符，我可是看着你长大的，你表哥在部队里也没少关心你，你怎么就忘恩负义，认了山本当爹了呢？你这样为他们效劳，是回族的叛子，出卖祖宗，出卖良心，是进不了回族的祠堂的！"

哈少符被骂得蹲不住了，他立起来，走到了山本的背后，摊着手，摇了摇头。

山本这时也撕下了伪装，拔出手枪："老太太，想死容易，只要我一枪……"

"来吧，照这儿来吧，"白文冠努力坐了起来，花白的头发凌乱着，她拍着胸脯骂道，"山本，我知道你就是一个笑面虎，杀人狼！"她突然咳嗽起来，咳嗽了一阵，吐出了两口鲜血。

哈少符拿了个毛巾赶紧跑过来："大姑，你这是何必呢？这人好死不如赖活着，能活一百，谁也不愿意九十九去见阎王，听侄子一句话，不就是写封信的事儿吗？要不，你说，我写，你签个名！"

"想瞎了心吧，你们——"白文冠又吐了一口血。

孙蓉图赶紧拽着山本走了，临走的时候还对白文冠说："老太太，别不识好歹，大皇军不是好惹的，你再考虑考虑吧。"

"我不用考虑了，你们送我回宪兵队吧。"白文冠用最后的力气说。

他们没有把白文冠带走，而是继续让他留在了佟万城家。哈少符对佟万城说："再想想法儿，让他开口吃饭，哪怕喝点水也能活命啊！"

白文冠依然绝食。三天以后，昏迷过去了。山本马上派军医过来抢救，无效。

农历七月十六日清晨，白文冠咳嗽加剧，吐血不止，她把佟万城夫妇叫到跟前，断断续续地说："孩子，我不行了，我死了以后，你们如能出去，要告诉本斋，他娘对得起他，叫他好好打鬼子替我报仇，替乡亲们报仇。前两天，乡亲们来看我，我也捎去了口信儿：是孝子就要听娘的话，不要莽撞……"

话说到这里，就停止了，一阵密集的咳嗽堵住了她的嘴，她吐出了两块紫色的雪饼，终于闭上了双眼。

这时，天空阴暗了下来，乌云卷积着，压满了河间县城，不一会儿，雷声大作，暴雨骤然倾泻下来，整个河间县城笼罩在悲痛之中。

一脚把哈少符踢到了门口

白文冠被山本抓走后，淑芳带着孩子找到了部队。

当时，回民支队正驻扎在交河县的万家寨。在司令部里，听淑芳哭诉完一切，马本斋沉重的身子，一下子就散在了椅子上。他双眼紧闭，双拳紧握，好长时间没有出声。淑芳就看见，他的泪水慢慢地就流出来了，她拿着毛巾过去，他却从椅子上滑到了地上，喊了一声："娘——"就坐在地上，用手背一下一下地抹开了泪儿。

这时候，马进坡提着马鞭子，怒气冲冲地闯了进来，他蹲在马本斋的面前，摇晃着他的肩膀，哭喊着："二哥，咱娘，救咱娘啊——"

哥俩儿抱着，头抵在了一起，泪水交织。过了一会儿，马进坡嗖地站起来，提着马鞭子就走："哥，我去集合我的部队，你赶紧下令，咱杀进河间城，去救咱娘——"

"老三，你给我站住，"马本斋也站起来，大声喝道，"你冷静点儿，咱娘是有骨气的！"

"二哥，我的马司令，娘在鬼子那里，是死是活都不知道，你让我怎么冷静？"

马本斋走过去，扶住了马进坡的："老三，咱娘已经绝食了，他给咱捎口信儿来说，是孝子就要听娘的话，不要莽撞。我想了半天了，这是山本的毒计啊！河间城你进去过，我们一时半会儿能攻进去吗？光宪兵队门口的两个碉堡就不好对付啊！你攻不下来，敌人援兵一到，我们就会被四面包围，后果不堪设想……我太了解山本了，心思缜密，小心谨慎，他早就准备好了口袋，想让我们去钻呢？"

"那咱娘不救了？不能见死不救啊，二哥！"

"老三，不是不救，咱听娘的，"马本斋的手用力抠住马进坡的肩骨，"咱要多多消灭鬼子给娘报仇，给千千万万的同胞报仇。这才是大义啊！老三，咱面前只有一条道，那就是在中国共产党的领导下，跟敌人拼到底！"

"说得好，"这时候，政委郭陆顺快步走了进来，他走到马本斋和马进坡哥俩儿面前说，"大娘被捕，大家都很悲痛，恨不得立即拿下河间，救出大娘。我已和军区作了汇报，军区首长指示，要瞅准战机，拔掉河间这个据点！马司令，咱可以制定作战计划，攻打河间县城了。"

"不，政委，"马本斋这时候已经清醒了，"我觉得战机还不到，放心，我相信我的母亲不会在敌人面前屈服，"他走到墙上悬挂的作战地图前面，沉吟了一会儿说，"现在山本固守河间，冈村宁次又向我们解放区的深（县）、武（强）、饶（阳）、安（平）大举进攻，我们正好吃掉交河城这股顽敌，也能给解放区解围！进坡，你抓紧回部队去，带上侦察排前去侦察！政委，我们立即研究下一步的作战计划！"

郭陆顺看到马本斋自信、坚定的目光，紧握住他的手："老马，好，好样的！"

回民支队顺利地拿下了交河城，又在沙河桥、梁各庄打了两场伏击战。这时候，哈少符来到了万家寨。他是带着山本的密令来劝降的。

哈少符来之前是费了一番考虑的。他先是找人送了一封信给马本斋、郭陆顺，说是大城县伪军，装备整齐，要求向回民支队投降，如果回民支队愿意接受，他可以来回民支队与两位首长面谈。但前提是，必须确保他本人生命安全。马本斋、郭陆顺研究了一下，写了回信，同意见面。

哈少符是冒雨赶到回民支队的。一场大雨将他的海棠蓝缎子大褂和古铜色的小礼帽都打湿了，他就这样湿淋淋地站在了马本斋和郭陆顺的对面："表哥、郭政委，我终于又回来了，我找部队找得好苦啊！"

"少符啊，回来就好，快说说你这两年都去了哪里了？"

"表哥，唉，一言难尽啊，"哈少符用手抹着脸上的雨水说，"我掉队以后，被日本人抓住了，他们对我压杠子灌凉水上电刑假枪毙，我都挺住了。"

"后来，听说你在给山本做事了？"郭陆顺问道，"还当上了什么便衣队长？有这事吗？"

"啊，有，不不不，没有，"哈少符点了下头，又急忙摆手，"山本想让我当便衣队长不假，但我没给日本人做事。我人虽然被他们囚禁着，但我的心还在咱回民支队，还在我表哥这里。这不，一有大城据点伪军投降这样的好事，我连忙通知你们了，咱们都是中国人，谁甘心给小鬼子做事呢？"

"那你说说大城伪军想投诚的具体情况吧！"马本斋问道。

"是……是这样的，表哥，"哈少符凑近了马本斋，"冀中军区不是正攻打青县和大城吗？攻势很猛，大城县的伪军吃不住劲了，他们想跟咱们约定一下，杀死在据点的一小队鬼子，然后投降，免得被八路军连窝端掉，伪军大队长知道我是咱回民支队的人，就暗中和我联络，让我找你……"

哈少符还没说完，丁铁石带着锄奸科长刘世昌进来了，他们把马本斋和郭陆顺叫到了里屋。

外屋里只剩下了哈少符自己，他听着里屋里四个人先是小声说了一会儿，接着就听到了马本斋喊了一嗓子："什么？我娘死了？哈少符出卖的？"

哈少符听了这话就坐不住了，站起来就想门外走，被两个持枪的警卫拦住了。他只好又坐回了原位，身上的雨水和头上的汗水这时候就混合在了一起。

这时候，哈少符就看见马本斋手拿马鞭子从里屋里冲了出来，其余三个人紧随其后。马本斋用马鞭子指着哈少符的鼻子："哈少符，你说，大城据点的伪军大队长姓什么？多少人？装备怎么样？他们怎么找到你的？说不对，我崩了你。"

"表哥，"哈少符低下了头，"伪军大队长姓……姓张，一共有五百人，有轻机枪五挺，长短枪五百余支，装备整齐，士兵多为本地人，是一位朋友介绍认识的，他们知道我是你的表弟，就想投诚过来，好有个照顾，也……也实现了抗日曲线救国的愿望……"

马本斋一鞭子抽下去，把哈少符抽到了地上："你胡说，大队长姓王，大城据点早就被军区拔掉了，你这个叛徒，快说，你是怎么出卖我娘的！"

哈少符坐在地上，不停地摆着手："表哥，不是我的事，是崔丰久和山本干的，你想我能出卖我的大姑吗，表哥？"

"住嘴！谁是你的表哥，你跟着我抗日是我的兄弟，跟我们回民支队作对，就是我们的敌人，你背叛回族，背叛国家，我他妈崩了你——"马本斋扔了马鞭，掏出手枪，扳动了机头。

哈少符屁股往后挪动着，挪动着："表哥，不能，不能啊，我还有个情报告诉你，山本联队长已去沧县，集结沧县、河间的兵力，马上就要对你们进行'扫荡'了，你也要好好考虑……"

"我没有什么考虑的，在打死山本之前，我先崩了你——"马本斋扣动了扳机，胳膊被郭陆顺拦了一下，子弹打到了哈少符右侧的地上，一片尘土糊住了哈少符的脸，他哎哟一声，瘫在了地上。

"马司令，别着急，"郭陆顺扶着马本斋坐好，解释道，

"这点儿小事还能让你亲自动手吗？等刘科长宣读完了他的罪状，押送军区再审判枪决。"

马本斋这才意识到自己刚才的莽撞，他感激地对郭陆顺说："政委拦得对，这样的大事应该请示军区处理才对啊！"

刘世昌走到了哈少符的面前说："哈少符，经我们多日侦察了解，你已叛变投敌，泄露军事秘密；向敌献策，捕捉马母做人质，害死老人，又烧毁东辛庄；以伪军投诚为诱饵，欺骗马郭二位领导，妄图诱降，罪行累累，是个死心塌地的特务，经支队军政委员会决定，现押送军区。走吧，哈参谋，哈队长！"

哈少符爬到马本斋面前，搂住了马本斋的腿："司令员，我求求你，别送我去军区，我就跟着你，你和郭政委再让我活一年，哦，不，半年，一天，一天也行。我要去杀鬼子，我将功赎罪，求你了，表哥——"

马本斋一脚把哈少符踢到了门口。

哈少符一去不回，山本知道他的计策出了问题。他在联队司令部里思索了半天，按了警铃，叫来了崔丰久，对他说："哈少符的，没有回来，马老太太的死讯，马本斋的，肯定知道了，你的，把马老太太送回东辛庄！"

崔丰久吓得倒退了几步："我去？还不是找死吗？"

"不去也是死啦死啦的，活的，是你抓来的，死了你也得送回去。按你们中国人的话说，请神就得送神！对这样可敬的老人，你送回去是你的荣耀！"

山本一瞪眼，一挥手，崔丰久再也没敢说话，悄悄地退了出去。

晚上，月色朦胧，崔丰久带了一排人，把白文冠的遗体偷偷地运到河间城南。在那里，他发现月色下来了一群人，便慌忙弃尸，带着人逃回了城里。来的这群人，正是白老庭带领的东辛庄的乡亲们。他们得知白文冠牺牲的消息后，想偷偷地来佟万城家运遗体。正好碰上崔丰久。

乡亲们把白文冠的遗体连夜运回了东辛庄，派人通知了回民支队和马本斋。

击毙马庆来

白文冠老人的追悼大会在建国县张祥村隆重举行。

冀中军区的领导以及献县、建国县、河间县等县委负责同志及回民支队指战员代表参加了追悼会。所有人列队致哀，祭奠老人的英灵。那一天的追悼大会变成了誓师大会。同志们纷纷表示，一定要加紧战备，寻找一切战机，大量消灭敌人，为白文冠和死去的乡亲们报仇。

马本斋在老人的灵前宣誓："宁为玉碎洁无瑕，烽火辉映丹心花，贤母魂归浩气在，岂容日寇践中华。娘，我一定遵照你的遗教，永远跟着共产党走，誓把日寇驱逐出中国，为中华民族的解放事业流尽最后一滴血！"

白文冠的牺牲，极大地唤起了回民支队的复仇力量。马本斋带领回民支队在子牙河以东破坏敌人交通，砍掉敌人电线杆，并击溃了淮镇郭尚庄的出犯之敌，全部歼灭了到刘庄抢劫的四百名日伪军……

这些不利的消息走马灯似的传到了河间山本的联队司令部。山本赶紧下令，命各据点坚守，没有他的命令不许出动。他龟缩在河间城里，苦思冥想，又想出了一条计策：让崔丰久去淮镇据点，物色了商人马庆来去劝降马本斋。

就这样，穿着长袍马褂、拄着文明拐杖的淮镇维持会会长马庆来一路打听着来到了万家寨，来拜访马本斋了。

马庆来早年和马永长在张家口一起贩过马，与马本斋也认识。他在哈少符坐过的地方坐下，神秘地对马本斋说："马司令，按辈分算，我是你远房表叔。二侄子啊，表嫂遭遇不幸，马某深表哀悼。我这次来，一是给我永长表哥带来了一匹绸缎和两百块大洋，二来呢，是想告诉你，山本联队长瞧得起你，想请你过去。"

"哈哈，"马本斋笑了，他拉了个凳子，坐在了马庆来的对面，"请我过去？什么条件？"

马庆来用手做成喇叭状，对准马本斋的耳朵说："一、从今以后，你不打他，他不打你；二、我表哥和你们全家进河间城享受荣华富贵；三、保证给你三个县的剿共司令。"

"才三个县吗？以前说的是十个县呢！"马本斋不动声色地问。

"你要是嫌小，过去还可以商量，凭你和山本的关系，这还不好说？"马庆来这回声音提高了，"只要你能把你的回民支队带过去，恐怕整个河北省的剿共总司令就是表侄你的了。到那时呀，哈哈，你可就比现在威风多了！"

"我要是不过去呢？"

"那可就不妙了！你知道，日本人那武器，那装备，海了去了，光碗口粗的大炮、呱呱呱一扫一阵风的重机枪就能拉一火车，你们能扛得住？别死心眼了，你不为自己的前途着想，也得为我的老表哥和你的妻子儿女着想啊！"

"好吧！我想想，"马本斋站起来，"你大老远找来不容易，也怪辛苦的，我给你找个地方休息休息吧。"

"警卫员，"马本斋冲门外喊道，"把马会长交给锄奸科刘科长！"

"这——表侄，啊不，马司令，你不能这么办啊？刚才不是说得好好的吗？怎么说变脸就变脸呢？咱们两家可是世交啊，我也在山本面前打了包票了，说一定能劝你过去，你这怎么让我和山本太君交代啊？"

"哈哈，"马本斋笑了，"马庆来，山本你是见不到了，你去军区交代吧！"

马庆来就这样被押送走了，第二天，锄奸科的人员回来报告说，马庆来在押解途中，想逃跑，被押解的人员给击毙了。

马庆来被击毙，让山本很窝火。他亲自来到淮镇，在清真寺里毒打全淮镇的回民，强迫五个回民代表再次来找马本斋，重申"谁也不打谁"的协定。马本斋好好招待了回民代

表一顿，让他们放心回去，并带给山本一封信：

　　山本敬文，我与日本鬼子仇深似海，不消灭日寇，誓不甘心！你若再为难我同胞，定让你死无葬身之地。

第 八 章

给政委买一口最好的棺材

冈村宁次越来越不满意山本敬文的战绩了。

中国军民不屈不挠的抗日斗争和太平洋战争的深入，让侵华日军兵源匮乏，财力枯竭。冈村宁次承担着以富庶的冀中平原作为大日本皇军的后方供给基地的战略任务。可是，实际上呢？冀中军区不断强大，山本连吃败仗，冈村的任务难以推进。

冈村宁次一次又一次地训斥着山本："你连一个小小的马本斋都对付不了，大日本皇军还叫什么大日本皇军？马本斋是你一手教出来的学生，作为教官，连自己的学生都降不住，都剿灭不了，你还敢称什么帝国的精英？"

"我给你两个月的时间，要人给人，要枪给枪，要飞机给飞机。我现在有一个大大的计划，大得让你吃惊，你要全力配合，如果再不能消灭马本斋，你的，干脆效忠天皇得了！"

"效忠天皇？"山本吓得一哆嗦，他瞥了一眼放在桌子上的战刀，想象着那刀顺利地切入肥大而柔软的腹部的情景，他的冷汗就从脊背流下来了，就从额头上流下来了。他摘下了眼镜，用白手套擦拭着擦拭着，不一会儿，他的仁丹胡子上都是汗水了，这时候，他竟然笑了一下。他的笑是从右嘴角上挤出来的。

冈村宁次对山本说的大计划，就是后来的"五一大扫荡"。1942 年的 5 月 1 日，日军集中五万步兵、八百辆汽车及部分坦克和骑兵，加上多架飞机，在华北派遣军司令冈村宁次的指挥下，对冀中抗日根据地进行了空前规模的"大扫荡"。

其实，在"大扫荡"的前夕，日本人已经就对回民支队进行"扫荡"了。就在 4 月 28 日，日军根据密探的情报，纠集重占交河、泊镇的数百人袭击了交河县的陈庄。当时，回民支队一大队驻扎在陈庄。马本斋司令员和郭陆顺政委驻西高屯。那时候，原来的一大队长马永恩已经在白洋淀牺牲了，由马国忠担任大队长。马国忠带领一大队同日军打得很激烈，伤亡很大。

郭陆顺得知了一大队的作战情况，心里十分着急，他对马本斋说："老马，你在司令部坐镇，我带二大队去支援马国忠！"

"老郭，那里很危险，要去我去！"马本斋说。

"你就别和我抢了，"郭陆顺笑着说，"这批鬼子武器好，是送上门来的肥肉，我可不能让他跑掉！"

"政委，要小心！我派刘世昌为特派员跟你一起去！"

马本斋也没想到，这一句话竟成了和郭陆顺的最后告别！

郭陆顺带着二大队急速行军，从陈村的西边迂回到了敌人的侧后。郭陆顺赶到了阵地的最前沿，警卫员用刺刀在掩体墙壁上捅了一个小口，让郭陆顺观察。郭陆顺在小口里观察了一会儿，觉得看不清楚，就出了掩体，爬上了外面的一个土墩儿，伏在了土墩儿后面，用望远镜观察阵地。在他的望远镜里，春天陈庄的满天绿色已经被炮火践踏成了一片焦黑，激烈的枪声把燕雀惊得无影无踪，日军像一堆堆黄色的泥水在涌向陈村。他看不到马国忠他们的情况，他的身子又抬高了一些，头在土墩儿后面露了出来。

"政委，危险，快下来——"警卫员和特派员刘世昌一起大声喊道。

"抗日第一，个人安危第二嘛！"郭陆顺头也没回地说，"知己知彼，才……"

郭陆顺的话还没有说完，一颗子弹飞了过来，飞上了他的头。他似乎听到了一声清脆的巨响，似乎看到了湖南浏阳家乡一只久违的杜鹃，在飞越万水千山之后，急不可待地和他诉说着故园的一切。他的消瘦的身体就在一片杜鹃啼血的红色中，慢慢地，慢慢地从土墩儿上像一片树叶飘了下来。

"政委！"警卫员哭着抱起了郭陆顺。

"为政委报仇！"

"为政委报仇！"

战友们急风暴雨一样冲了上去，从敌人的侧后发起了攻击，这震天的呐喊就化成了刚烈的枪炮，砸向了那一堆堆污浊的黄色的泥水。一时间，泥水飞溅，血色漫天。

郭陆顺的遗体被抬了回来。

马本斋大声痛哭："政委，你应该让我去呀。"他一步步走向郭陆顺，取下了自己心爱的围脖，抬起了郭陆顺的头，小心翼翼地围在了他的脖子上。他唯恐惊醒了他。郭政委也许太累了，他从长征走来，他从延安走来，路程太过紧促，太过匆忙，太过丰富，他该休息一下了。

"郭政委，你是对回民支队帮助最大的一个人啊！你是个老红军、老干部，却从不摆架子，你喜欢跟战士们做游戏、摔跤、开玩笑，你的马不是驮病号就是驮枪，你自己病了也不骑马。

"郭政委，我脾气不好，对待开小差的，还有违反纪律的战士，觉得是给回民丢脸，有时捆起来，拿马鞭子抽，你这时总是握着我的手说，本斋同志，你先不要着急，我来处理。你找到违犯纪律的同志，诚恳地批评教育，对他们说，司令员发火，态度不好，是不对的，但严格要求是对的，如果我们遵守纪律，司令员就不会发火。

"郭政委，你尊重回民习俗，警卫员小刘偷着买了一些熟肉，想给你补养一下身体。你不但不吃，还命令把肉退回去，又把他调回冀中军区工作。

"郭政委，战士们忘不了你编的快板：游击战，真正好，敌进我们退，敌驻我们扰，敌疲我们打，想跑也跑不了。游击战，真正好，就是不能怕跑道，腿疼痛，脚打泡，咱们有法来治疗，热水洗完用针挑，睡上一觉保管好——"

"政委，你好好睡一觉吧，"最后，马本斋擦干了泪水，哽咽着说，"你没有打完的鬼子，我们替你打！"

马本斋站起来，带着同志们对着郭陆顺的遗体三鞠躬。

马本斋用自己的积蓄，给郭陆顺买了一口最好的棺材。

郭陆顺下葬那天，马本斋亲自执锹培土，给郭陆顺筑起了一个高大的坟丘，为了防止敌人破坏，没有做任何标记。马本斋说："郭政委，你是为抗日死的，冀中大地会记住这一切的……"

千 顷 洼

多少人都说，在抗日战争的历史上，"五一大扫荡"是冀中地区的梦魇，是中华民族不能忘怀的一段残酷的历史。

为了吸引冈村宁次扫荡部队主力东移，减轻对冀中中心地区的压力，军区命令回民支队采取积极行动。马本斋决定二大队围攻泊镇，三大队再次进攻交河县城，一大队切断津浦铁路线。二大队以轻重火力掩护实施猛攻，一举突入泊镇镇内，予敌重创后撤出。三大队采用偷袭战术进攻交河，克城门三处。这次战斗,不仅给郭陆顺政委报了仇,而且转移了敌人的视线,把敌人的大部队吸引到了东线,保证了军区机关顺利突围,进入了太行山根据地。但回民支队却陷入了敌人数万炮兵、步兵、骑兵及装甲兵的"铁壁合围"之中。

合围回民支队的总指挥官正是山本敬文。山本这一次是铁了心要和马本斋决一死战的。他动用了冈村宁次交给他指挥的全部兵力,日伪军共七万人,号称十万大军,北以沧石路、南以石德铁路和公路、东以津浦铁路和大运河,西以景阜公路呈压缩包围之势,企图一举消灭回民支队。

大量的日军拥向回民支队,局势危在旦夕。马本斋判断,敌人虽然已完成对回民支队的战略包围,但对他们的具体位置还没搞清楚,尚未形成合击之势。他大胆地把部队拉到靠近敌人据点的阜城县孙镇、刘庄一带隐蔽了起来。在没有摸清敌人的意图和行动方向之前,部队不可轻举妄动,否则会有全军覆没的危险。他派出了几支精干的侦察分队了解敌情,又拿出了地图寻找合适的隐蔽地点。

根据地图标识,阜城东部有个千顷洼,长着一大片南北长四五公里、东西宽三四公里的阔叶林。于是,他下令部队立刻前往千顷洼。

部队星夜出发,边吃边走,向千顷洼急进。在6月2日拂晓前到达目的地后,才发现大片的阔叶林已被敌人强制砍伐,只剩下一些稀疏的荆棘和灌木,难以隐蔽下回民支队三千人的队伍。

怎么办？马本斋下马观察，看到了附近尚有两个相互连接的小村庄，高庄、纪庄，正好是敌人"扫荡"的一个重点。他召集几个大队长开了一个简短的小会，果断地说："情况危急，没办法了，只能打扰老百姓了！"

　　"但我们尽量在村外占据有利地形隐蔽。司令部和一大队去纪庄，二三大队和政治部去高庄。所有人员天亮之前不得进村扰民，部队一律马不卸鞍、人不离枪，子弹上膛，整装待命！"

　　马本斋果断地做出了战略部署。

　　就这样，马本斋将支队指挥部设在了高庄村北的打麦场屋里。他走到宽阔的麦场上。这时候，是黎明时分，但天色变得有些污浊。他蹲到场上，发现麦场也变得有些像柴火的颜色。天变色，土变柴，十有八九风要来。这是刚才村长王梦笔告诉他的当地俗语。他凭着在讲武堂学到的天象知识，判断有一场大风就要来了。他抓起一把麦糠，向天空扬去，麦糠先是直线上升，升到一定距离，突然被一阵风吹向了西南方向。他若有所思地点了点，回到了场屋里。

　　这时，派去侦察的侦察员回来了，地方党委的敌工部也派内线送来了情报。马本斋与张刚剑参谋长立即召集各大队长、教导员来到了指挥部。

　　"同志们，情况十分危急，我们绝对不能与山本硬碰硬，摆在我们面前的只有一条路，那就是保存力量突围出去，大家讨论一下，如何突围吧？"

一大队长马国忠说："我们当然要向东突围了，东面敌人力量薄弱。"

　　"不可，"马本斋说，"我知道山本的战术，越是表面薄弱的地方，越是他布置重兵的地方，山本肯定在津浦、德石两线交汇处之三角地带布置了重兵，我们东进无疑自投罗网！"

　　"那就向西吧，"二大队长马永标说，"西面尽管小鬼子集中了一千辆汽车坦克封锁了阜景公路，但这些汽车坦克是一字长蛇阵，像个链条，必然有薄弱的地方。"

　　"对，说得好，"马本斋赞同道，"山本的意图是从南、北、西三面张开口袋，向东赶我们，把我们赶进口袋里，咱们偏不，咱们就是要在他的口袋底部捅一个大窟窿，然后从这窟窿里突出去。但正西方向不行，正西是汽车坦克链条最结实的部位，我认为咱们的目标是西南，你们看，敌人由西向东、由南向北推进的时候，必然在西南方向出现缺口。我看了，马上要起大风了，风沙大起的时候，会对我们有利的。"

　　大家一致赞同。

　　"好，既然大家没意见，我就开始布置：马进坡，你带领支队特战队去阜城东部运河西岸，收集几条船只，做出支队要东渡运河向冀鲁边区转移的假象，掩护主力向西南突围。"

　　"是！"马进坡领命。

　　"二大队长，你回去准备一支光荣队，都要共产党员，要五中队长马庆功当队长，作为突围前队，瞅准时机，在西南方向杀开一条血路，让大部队突围！"

"是！"马永标领命。

"哎，不对哦，司令员！你怎么这么偏心呢？光让你自家人打头阵，不行，我们也参加光荣队！"一大队长马国忠说。

"是呀，我们大队长马玉如负伤住院，可是还有我啊，我也不是吃素的啊！"三大队教导员吕威远也嚷起来。

"同志们，情况紧急，都别争了。一大队随司令部行动，三大队要在张参谋长的指挥下，带领政治部、后勤处、卫生队和宣传队突围，任务更艰巨啊。"

"同志们，听从司令员的命令，以中队为单位进行战斗动员，"张刚剑接下来布置，"要求每个共产党员准备为国牺牲，奋勇出击，冲锋在前！"

马本斋最后命令："大家务必记住，突围之前，隐蔽第一，没有我的命令，绝不开枪暴露，如遇小股敌人一律白刃格斗，一旦听到枪声，各大队全力以赴，立即向西南方向突围。还要注意，突围之前，要第一时间转移村里的百姓！"

高纪庄突围

正如马本斋所料，马进坡带领特战队佯装东渡运河的行动，果然吸引了日伪军的大队人马向东紧密集结。轰轰烈烈的车队和人队根本没有料到小小的高纪庄会隐蔽得下三千人的回民支队。他们在村西那片沙窝土岗处就绕村而过了。

正当日军主力过去，大家正想松一口气的时候，却来了一支十四人的后卫搜索部队。他们从纪庄西南方向搜索而来，走进了一大队三中队的隐蔽点。三中队副队长马守增一挥手，大伙一拥而上，当场用刺刀刺死了十三人，另一个受重伤的日军冲着马守增开了一枪。

第一枪打响了。回民支队开始突围。但也惊动了日军后卫部队。他们迅速在距纪庄五十米、一百米、一百五十米处设下了三道防线，以密集的火力封锁了向西南突围的道路。

胳膊受伤的马守增，利用土丘和树丛的掩护，率领一个小队迂回到了敌人第一道封锁线，从背后突进敌机枪阵地，击毙了数十名日军，捣毁了敌人的第一道封锁线，战斗中，马守增再次中弹，牺牲了。

三中队长刘清瑞挥枪大喊："同志们，上刺刀，跟我冲！"带领三小队冲入了第二道封锁线。

这时候，大风突然刮了起来，漫天风沙从千顷洼卷来，敌人的封锁线被风沙和一大队的冲击切断了。张刚剑看准时机，与马国忠带领一大队向西南方向迅猛突围。

同样是在风沙中，住在高庄的第二、第三大队及政治部、后勤处、卫生队和宣传队在马本斋的直接指挥下，利用村西的交通壕分两路向西南突围。队伍到达纪庄村西北的时候，日军在西北方的搜索队，抢先一步占领了高家坟和连家岗子两个制高点，轻重机枪同时开火，封锁了部队突围的道路。

这时候，马庆功脱去上衣，露出了结实的胸膛。他一手拿短枪，一手拿着大刀，腰里掖着一圈手榴弹，大喊一声："光荣队员们，准备好了吗？"

"准备好了！"队员们齐声回答。

"跟我冲啊！"马庆功就像旋风一样冲了上去。

"狭路相逢勇者胜！杀——"六十余名光荣队员怒吼着，迎着风沙和子弹也冲了上去。

"司令员，我也上！"大队长马永标挣脱了马本斋的拦阻，也脱了上衣。他的身体像冀中平原五月的杨树一样坚韧挺拔，他一手挥刀，一手挺枪，喊着，"同志们，狭路相逢勇者胜，杀啊！"他就与马庆功一起冲到了光荣队的前面。

马永标跳进了日军阵地，枪挥刀舞。枪响处，敌人颓然倒地，刀舞处，敌人一声哭叫。从东辛庄练拳院带出来的那把大刀上的红绸子，上下晃动，在敌群里烈火一样燃烧。他的枪里没子弹了，他的大刀卷刃了。两个日军同时围住了他，将两把刺刀同时扎进了他的胸膛。他的大刀在停止燃烧的那一刻，仍然劈进了鬼子的脖子里。

在光荣队员猛烈冲杀下，两个制高点的日军大部分被当场打死，少数人丢下机枪弃阵地而逃。马庆功捡起机枪，对准逃跑的敌人一阵追射，掩护着大队人马向最后一道封锁线——阜景公路冲去。

光荣队员只有十二人冲到了阜景公路，其余的再也没有上来。

马本斋料定东去之敌听到枪声必定返回，且骑兵到，步兵后继。他在突围的路上就命令分队长焦振峰带领一支精干人马占据有利地形伏击西返日军。正在大部队向西南方向突围的紧要关头，日军骑兵一部果然返回了高、纪庄，企图袭击突围部队的侧背。这时候，焦振峰的阻击队和刚从运河西岸赶回来的马进坡特战队，一起向敌人的骑兵开火。战马嘶鸣着咕咚咕咚倒下，日军死伤大半，掉头东窜。

"焦振峰，给我追，咱们要彻底消灭他们。"

马进坡骑上了一匹马，他夹紧马肚，举枪射击，一气儿撂倒了五匹战马，突然，一颗子弹射中了他的左眼。马进坡摔下马来，他觉得无数战马在他的眼前晃动，飞奔……

"马队长——"焦振峰把马进坡抱上马，带着其他队员追赶着突围的大部队。

此刻，冲出包围圈的一大队，已经占领了阜景公路的突破口。张刚剑参谋长率领主力保护突破口，大队长马国忠、副大队长薛洪泰、教导员马德舜听到背后枪声激烈，估计二、三大队突围受阻，又带部分战士反身杀回重围来接应，被从阜城出动的一百多日军骑兵围住，经拼命厮杀，三人全部牺牲。

日军骑兵企图封锁阜景公路突破口，人称"马老虎"的七中队长马虎文，抱着机枪冲上了公路，打得日军骑兵缩了回去。回民支队趁此机会，大队人马迅速越过了阜景公路，突围了出去。

突破敌人封锁线后，三个大队在纪庄西五华里处的开阔带集结。

此次突围，共有八十八名干部战士永远留在了这片土地上。他们上到大队长、教导员，下到炊事员、卫生员、宣传队员。最小的只有十三岁……

日伪军也遭受了沉重的打击，共死伤四百三十多人，光死尸就整整运了八辆汽车。

三天以后，马本斋又带部分战士返回高纪庄。

马本斋说："他们为国捐躯了，我不能让战友们横尸荒野，一定要让他们入土为安。"

按照回族的宗教仪式，在村民的协助下，马本斋带领战友们埋葬了那八十八位烈士。

还给你这把军刀

6 月中旬的一天，在河间城山本的联队司令部里，崔丰久给山本敬文带来了一份奇特的礼物：一把军刀。那正是他在东北讲武堂赠送给马本斋的。军刀的刀鞘上是马本斋刻的几个漂亮的小楷字：山本，还给你这把军刀，给你的天皇剖腹效忠吧！

崔丰久凑上前去，轻轻地说："联队长，这是那个上次去东辛庄卖桃子的人送来的，要不要把他找来问……"

"八嘎！"山本骂了一声，手起刀落，崔丰久话还没说完，头已经被山本削了下去。血，溅满了一屋。

这时，电话铃响了。是冈村宁次打来的。冈村告诉山本：
"我已经通过陆军部，将你调往缅甸，你的职务已被解除，
由池田接任……"

当池田来接替山本的时候，却没有看到活的山本，只看
到了在内室里死去的山本，他的腹部已经被军刀切开……

他的床上放着一张用日语写的字条：缅甸我的不去，一
个民族征服另一个民族是不可能的事情，我不会再做不可能
的事情了。

池田摇了摇头，又点了点头。

就是死了，头也要朝南

在冀鲁边区以及在今后转战冀鲁豫根据地的日子里，回
民支队的指战员们，都会记得黄骅这个人的。

高纪庄突围以后，1942 年 7 月初，马本斋带领部队越
过北运河、津浦铁路封锁线，到达了渤海之滨的冀鲁边区。
在这里，他们结识了冀鲁边军区的副司令员黄骅。

黄骅那一年刚刚三十出头，是个参加过二万五千里长征
的老革命。在回民支队指战员的印象里，戴一副眼镜的黄骅
像个书生，细心周到。冀鲁边区地广人稀，回民支队两千多
人的队伍无处宿营，常常在野外红荆地里露宿，吃了虾酱，
喝了苦咸水，战士们水土不服，大都染上了泻肚子的流行病。

当时药物跟不上，马本斋非常着急。

这时，黄骅在海风的吹拂下，来到了回民支队的驻地。

他对马本斋说："战士们拉肚子的事情我听说了，我知道当地有个土办法，将高粱米和小米炒熘，压成面，然后用开水冲服，可以帮助消化，对拉肚子有治疗作用！"

马本斋摊开双手说："是的，我也打听了，可哪里去弄那么多高粱米和小米啊！"

黄骅笑了，他指着远处几辆小推车："马司令，不用担心，看，我早让边区的同志们给你送来了！"

马本斋一下子就抱住了黄骅，他觉得黄骅的身体虽然单薄消瘦，但像渤海湾盐碱滩上的一棵红荆条，坚韧茁壮。

7月中旬，吕正操司令员从冀鲁豫根据地给马本斋发来电报：速派人回冀中侦察，如有可能，就回冀中坚持斗争，如不宜回去，就到冀鲁豫根据地来。

马本斋激动地传达了吕司令的指示，立即派排长白振武率领由二十多人组成的武工队，潜回冀中地区侦察。几天后报告回来了：回冀中坚持斗争很困难。马本斋决定，回民支队转移战场，开赴冀鲁豫根据地。

到冀鲁豫根据地去，谈何容易？路途遥远，据点林立，光日伪的封锁沟就有五百多道，加之离开冀中，离开生长和战斗的地方，离开家乡的父老乡亲，大家有些舍不得。

马本斋在动员会上鼓励大家："同志们，不管遇到多大困难，遭受多大挫折，我们都会勇往直前。党要我们向南，不管付出多少代价，都要奔去，就是死了，头也要朝南，这才是英雄好汉！"

黄骅也参加了动员会，他说："抗日战场大得很，不止一个冀中，也不止一个华北，而是整个中华大地。我黄骅是湖北佬，为啥到冀鲁边来？为啥不喝长江水而到这里来喝苦咸水？为的是革命，为的是打鬼子。回民支队以往在冀中打仗，是抗日的需要；到冀鲁边来，是抗日的需要，现在要离开这里，到冀鲁豫去，也是抗日的需要！"

黄骅的话赢得了大家的阵阵掌声。

"同志们，你们放心，此行非同小可，我要亲自当向导，我就是拼着性命不要，也要把回民支队送到冀鲁豫军区！"黄骅向同志们保证着。

于是，黄骅副司令员亲自率领一个骑兵排做向导，护送回民支队历尽千辛万险，来到了冀鲁豫根据地。

黄骅要回冀鲁边区了。马本斋送了一程又一程，他满含热泪地拥抱着黄骅："黄司令员，在最困难的情况下，你帮助了回民支队。没有你的帮助，我们不会这么顺利，我永远感谢你。"

黄骅的眼睛也湿润了，他回抱着马本斋："马司令，我的好战友，这次跟你分别，大概要等到抗战胜利以后才能再见了。"

然而，他两人此后再也没有相见。

第二年6月30日，黄骅就被叛徒邢仁甫杀害了！

战斗在冀鲁豫边区

冀鲁豫边区的濮县、范县、观城，位于黄河岸边山东和河南、河北三省交界处，是冀鲁豫边区政治、军事、经济、文化中心。边区党委、行署、军区机关及报社、银行、医院、被服厂、兵工厂等长期设在这里。这里被誉为"钢铁濮范观，华北小延安"。

就在这里，回民支队的全体指战员见到了冀鲁豫军区杨得志司令员。杨得志司令员的开场白，让大家的心一下子温暖起来：

"同志们，你们从冀中浴血奋战，是一支英雄的部队，今天来到冀鲁豫边区，一路辛苦了！欢迎你们，打不烂、拖不垮，攻无不克的铁军！"

冀鲁豫边区是一条重要的交通枢纽线，杨得志司令员继续说："华南、华中、华东抗日根据地以及延安党中央、中央军委的来往人员都经过这条交通线。冀鲁豫与冀中不同，这里斗争的特点是，敌、伪、顽三角斗争。我们不仅要与民族敌人斗争，还要和阶级敌人斗争。日本鬼子"扫荡"时，民族敌人的力量大于阶级敌人。平时的主要矛盾是阶级敌人，有时民族敌人与阶级敌人会同时向我们进攻。你们的到来，为我们军区增添了新的力量。希望你们尽快适应新的形势，甩开包袱，发挥你们在冀中的优良作风，继续新的战斗！"

杨得志司令员的报告如初秋的一阵凉爽的风，驱散了同志们郁积很久的烦躁和闷热，回民支队指战员的天空变得晴朗、高远起来。

不久，军区对回民支队干部调整决定下来了，除了马本斋、张刚剑职务不变外，派张同钰担任回民支队政委，董庆云任副支队长，任命刘世昌为政治部主任（丁铁石已于年初调离），眼伤痊愈的马进坡任一大队队长，马凤舞为二大队队长。部队向鲁西北的莘县、冠县、堂邑和朝城一带转移。马本斋任第三军分区司令员兼回民支队司令员，原司令员赵建民改任副司令员。

秋天，回民支队进驻张鲁集。

张鲁集是鲁西北最大的回民聚集的镇子。张鲁集战略地位十分重要。全镇有八百多户人家，五千多人口。当时，一方面，抗日斗争形势非常严峻，日军推行了五次"强化治安运动"后，多次对冀鲁豫边区进行"扫荡""清剿"，梦想以此消灭敌后抗日武装，确立所谓"大东亚兵站新体系"。另一方面，鲁西北，遭受连年旱灾，粮食匮乏，百姓开始以糠菜代食，以草籽、棉籽、树皮充饥，后来这些东西也被吃光了。老百姓没饭吃，军队给养也成了问题。

马本斋决定，一面打击敌人，一面虎口夺粮，与老百姓共渡难关。

打击敌人，从哪里入手呢？马本斋认真听取了副司令员赵健民对第三军分区对敌斗争情况介绍后问道："赵司令，你说，目前对我们威胁最大的敌人有哪几个啊？"

"一个是齐子修，一个是刘仙州。"赵健民回答。

"擒贼先擒王，打蛇先打头，咱们就先来打掉他们！"马本斋握紧了拳头。

齐子修原是国民党第29军的一个连长，七七事变后，脱离第29军，被爱国将领范筑先将军收编为鲁西北保安第三营，后扩编为第三支队。他明里是国民党的保安旅，暗里是日伪治安军，不断对根据地进行"蚕食"、抢掠。后公开投降日军，四处搜捕共产党人和抗日家属。

打击齐子修，马本斋先是用了"引蛇出洞"的战术。

马本斋和赵健民指挥回民支队和军分区基干团、县大队、游击队两千多人，深入到齐子修部驻地，在附近住了下来，想刺激敌人，引诱他们出来进攻，然后歼灭。但敌人知道是回民支队来攻打寨子了，两天内一直龟缩不出。

马本斋命令向寨子开炮。

迫击炮手架起了迫击炮，瞄准了目标。马本斋问炮手："伙计，打得准吗？"

"打得准，马司令，你赌好儿吧！"几个战士自信地回答着，炮弹就一个个飞了出去，落在了围寨子里。炮弹在寨子里开了花，马本斋一声命令，围攻部队开始了攻击，枪炮声大作，寨子里升起了滚滚浓烟。

炮击敌人寨子之后，马本斋又用了守株待兔的战术，伏击了齐子修部队。在一个宁静的夜晚，回民支队悄悄埋伏到齐子修经常骚扰的一个村庄埋伏。让县大队埋伏到另一个村庄。

深夜，齐子修的副参谋长带着一个营的兵力出来抢粮，正好撞在县大队的枪口上。那个副参谋长明白只是县大队后，从据点里调出增兵，企图一口吃掉县大队。这时候，马本斋命令回民支队悄悄地摸到敌人的侧后，发动了猛烈进攻。前后夹击，敌人顿时阵脚大乱。

村里的老百姓也纷纷拿起红缨枪，或者干农活儿的钉耙、三齿之类的，加入了战斗。三股力量，把敌人团团围住，喊杀声、枪炮声挤破了乡村的深夜。敌人全部被歼灭，齐子修的副参谋长也被当场击毙。

刘仙州是山东泰安人，自小就是一个泼皮无赖，长大后又聚众为匪。七七事变后，刘仙洲将其土匪部队变成了抗日救国军，日军来了以后，却又率部投敌，当了汉奸。他配合日军四处"扫荡"，杀害中国同胞，建起了莘县六个区的伪区部，成了大日本皇军的模范伪县长。

对付刘仙洲，马本斋用的是主动出击的战术。

那一天，马本斋正站在军用地图前研究莘县的地理位置和刘仙洲的军力部署，考虑下一步的作战方案。通信员急匆匆地进来报告：莘县的伪军把驻守小韩庄的警卫连包围了！

"好家伙，自己送上门来了，该着给你点儿颜色瞧瞧！通知骑兵连，跟我一起吃掉这股敌人！"

马本斋转身从墙上摘下马鞭，警卫员小金赶紧拉过战马，递上盒子炮。马本斋双脚一踩，噌的一下跃上马背，双脚用力一夹，战马像离弦的箭一样，射向小韩庄。马本斋的身后，是骑兵连的战士们，他们转眼之间就形成了一个剑阵，冲进了滚滚沙尘之中。

驻扎在莘县的刘仙洲，其实这时候还不知道回民支队来到了鲁西北。他出动了两百多名日伪军，向距离在张鲁集南边仅三里路的小韩庄警卫连进行围击，想以多胜少，迅速消灭警卫连。

马本斋率骑兵连从天而降，局势迅速翻转。他指挥骑兵连几进几出，纵横追杀，与警卫连两相夹击，共击毙日军二十七名，伪军一百多名。只有少数人逃回城里，刘仙洲这才派人去打听，敢情是威震天下的回民支队开过来了。他很长时间不敢出动了。

马本斋决定举兵东进，越过马颊河，向莘县境内开进。他们深入到莘县境内，驻守在大小宋庄。马本斋亲自来到前沿阵地，查看地形，分配警戒任务，指挥部队挖战壕，构筑工事。他的目的就是引出敌人。他料定刘仙洲以为有日本人撑腰，不会坐视回民支队在他眼皮子底下构筑工事的。

果然，刘仙洲派出了一千八百名的伪军前来迎战。但他们也是小心翼翼地走到大小宋庄附近东北方向的村庄住下，只是远距离的开枪射击，也不敢往前走了。

马本斋命令部队等待。可等到了下午 5 点，天快黑了，也不见敌人过来。看来敌人真的不敢咬钩了，马本斋笑着对大家说："他不敢咬钩，咱就把钩给他送过去，非叫他咬不可！"

"枪响就冲锋，十分钟解决战斗！"马本斋随后下达了主动出击的命令。

冲锋号响起，战士们从战壕里一跃而起，端着上了刺刀的步枪，风暴一样呐喊着冲向敌人。对面的伪军，哪里见过这样猛虎下山的阵势啊，一下子就被冲垮了，堤坝崩溃一样向莘县县城退去。

刘仙洲亲眼看到了这阵势，他停止了向抗日根据地的蚕食，他经常挂在嘴边上的话就是："马本斋，那是猛虎，那是爷爷，咱惹不起。咱惹不起，还躲不起吗？"

莘县的老百姓也奔走相告："马司令到了，咱就能睡个安稳觉了。"

生火冒烟歼敌运动

这些天，警卫员小金发现马本斋明显地瘦下来了。他发现司令员方形的脸上颧骨逐渐凸出来了，而且越来越凸，相应的，眼窝却深陷了下去。他知道，司令员缺乏营养啊！

面对严重灾荒，回民支队每人每顿饭只能喝两小碗稀粥，司令员不但和战士们一样待遇，而且还常把稀粥送给房东。小金知道司令员喜欢吃面条，他让司务长想办法用混合杂面给司令员做了一碗，谁知他却端着碗给了伤病员。小金心疼啊，就带着通信员出去挖了几把野菜，却遭到了司令员的严厉批评："小金，你作为我的警卫员，怎么可以带头违反群众纪律呢？"

小金不明白了，他说："难道挖野菜也算是违反群众纪律吗？"

"对！在这样的困难时刻，挖野菜无异于与群众争饭吃啊！我们再苦、再难、再饿，也要挺住，把一切可以吃的，用的，喝的，都要让给群众，咱们事事处处都要想着支持咱们的苦老百姓啊！"

小金不说话了，就跟着马本斋走进了房东老大娘住的东屋里。老大娘的儿媳妇前两天在野外上吊死了，就为了家里少一口人吃饭，一狠心扔下了一个五岁的孩子和一个老婆婆，去了。老大娘拉着孙子去给儿媳妇收尸，尸体也不见了。

"妈妈，我要妈妈。"小孙子的哭声撕碎了老大娘的心。

马本斋把野菜放在炕上，说："大娘，这点儿野菜，暂时维持一下吧！"他又弯腰抱起小孙子，"哦，不哭，好孩子，伯伯去给你找饽饽吃。"

老大娘无力地说："马司令，八路军真是菩萨军啊，有点儿野菜也想着我这老婆子，你也几天没正经吃东西了。唉，快把孩子放下来，怪沉的。"

出了司令部，马本斋带着小金去查岗。小金看见马本斋高大的身躯有两次摇摇晃晃的，像是要栽倒的样子。

小金赶紧去扶他，他笑着说："没事，累了，打个盹。"

小金嘟囔着："光骗人，有走这一段路打两次盹儿吗？我又不是三岁的小孩子，司令员，你得吃点儿饭啊，要不这样下去，你的身体非垮了不可，你可是咱回民支队的主心骨啊！"

"没事，放心吧，小金，我和支队的其他领导正想办法，我们的粮食会有的，饭也会有的，到时候粮食来了，我一定吃个饱！"

马本斋把中队长以上的干部召集到了司令部开会，专门研究如何渡过灾荒的问题。

五中队长马庆功率先发言，他说："吃饭是天大的道理，吃不饱饭，即使是思想再进步的人，也受不了。我们不能光靠节衣缩食，应该想办法解决这个迫切问题，同志们打仗不怕死，可饿着肚子打仗就会有情绪了。"

刘世昌对马庆功的话表示赞成："我们要开拓思路，不能光等着军区给我们发粮食，我们可以想别的办法啊，可以向富裕大户征粮借粮！"

马本斋的眼前大亮，他大手一挥说："刘主任说得对，除了借粮，我们还可以向敌人抢粮！你们说怎么样？"

政委和参谋长也表示赞同。

就这样，征粮、借粮、抢粮工作拉开了序幕。

根据支队领导的指示，马振武和马庆功带着十几个武工队员组成了工作组，对张鲁集存有余粮的地主富农逐一摸底排队，然后选出了借粮代表和领导机构。宣传的主要内容是：

借粮是歉借丰还，只借囤积的余粮，不借口粮和种子粮。

工作组的人与被借粮户进行协商，向他们讲明：现在青黄不接，贫雇农眼看要饿死，他们世世代代给你们种地，你们能眼睁睁地看着他们都饿死吗？如果他们都死了，谁给你们种地？谁去支前打日本？你们的东西不都被日本鬼子抢走了吗？是借给乡亲们度荒好，还是被日本人白抢去好？你们比谁都明白。

宣传下去了，南街上比较开明的地主郭绍太，第一个报出了借粮数字。紧跟着他，又有几户同意借粮了。

但情况仍然不理想。马振武带人借粮遇到了一个硬茬。西街地主安金学，把粮食藏起来了，然后穿着又破又旧的衣服，端着一碗野菜来到马振武面前，哭着说："马队长啊，都是生活在一个太阳底下，他们有灾我也有灾哦，你看我一大家子也没穿也没吃哦，都快饿死了！"

马振武在他家院里转了一圈，说："你说的，与我们掌握的情况不相符吧？据村民们反映，还有工作组的调查，你家余粮得有好几大车。都是本村的乡亲，你总不能看着他们饿死吧？"

安金学一屁股坐在了地上，拍着当院子说："是谁这样造谣啊？我一大家子人吃马喂，哪有什么余粮啊？你们工作组也不能不让人活了吧？"

"住嘴，"白振武大声说，"你不要无理取闹，我们就是为了让更多的乡亲们好好活，一起度过灾荒，你先借给大家一些粮食，不是白借，以后会还你的。你不借，我们可就搜了！”

安金学立即从地上爬起来说：“你们搜吧，我家是真没有过多的余粮，我去找找看。”

安金学一会儿让两个长工弄出来五个口袋。他拍拍口袋，对白振武说：“白队长，我家只能拿出这些来了，你们就凑合凑合吧！”

白振武让战士们揭开口袋一看，五个口袋里都是掺着秕子的谷子和高粱。他气得上前抓住了安金学的脖领子：“安金学，你不老实。乡亲们，你们去支起锅来，我们就在他家做饭，他不拿出好粮食，我们就天天在他家吃，他吃什么咱们就跟着他吃什么！”

安金学赶紧对乡亲们作揖：“乡亲们，别别别，我借。你们来了的，人人有份，我给你们每人五斤好粮，不不，十斤。”

“不行，我们不是为自己来的，我们是为全村人来的。”几个群众喊道。

“那就家家有份，家家五斤，怎么样？”安金学又改了口。

白振武带着工作组和群众走了。他把情况向马本斋做了汇报，马本斋沉思了一会儿说：“这个老地主一点也不老实，你派几个人看紧他，看看他的粮食到底藏在哪里？防止他转移粮食。”

当天晚上，有个长工来到工作组，报告安金学把粮食和其他值钱的东西装了几大车，准备运到敌占区一个当伪军的亲戚家去。白振武带人悄悄埋伏在了村口。果然，在夜深人静的时候，月色里，安金学带着管家赶着车出了庄，还没走上大道，就被武工队截住了。

白振武跳到安金学面前，厉声说道："你这个顽固不化的老地主，宁肯把粮食运到敌占区，也不借给挨饿的乡亲们，你想当汉奸吗？同志们，车上的东西全部没收，请示司令员后，分给群众！"

安金学这回，既不敢哭，又不敢闹了。

由于灾荒严重，日伪军的日子也不好过。有的据点里的敌人吃不饱饭，就常出来抢粮食、抢牲畜。伪军站在高高的炮楼上，整天拿着望远镜四处张望，看到哪里冒烟，就知道哪里在做饭，就马上集合队伍下来奔着冒烟的地方去抢粮食，吓得老百姓白天都不敢做饭吃。

马本斋掌握了伪军的这一特点，就对政委张同钰说："政委，我想出来一个歼灭敌人的好办法，我们派出了几个小分队，化装成老百姓，潜入到伪军据点附近的村庄，生火做饭，敌人见冒烟肯定出来抢饭，然后我们就以将敌人歼灭。你看如何？"

张同钰听了马本斋的好办法，佩服地说："司令员妙计，这就叫生火冒烟歼敌运动，好！"

当天夜里，回民支队的几个小分队悄悄来到了冠县东南的桑阿镇，住进了呈"品"字形的三个据点中间的村子里，部队也呈三角形在村外埋伏。

天亮了，到了该做早饭的时候了，村里升起了缕缕炊烟，炊烟在早春的天空里看得很清晰，很远。三个据点的伪军，已经饿了一晚上了，他们同时发现了村里的炊烟，赶紧集合队伍，前呼后拥地奔向炊烟。在他们眼里，那不是炊烟，那是一锅锅煮熟了的饭，那是一盘盘摆上来的菜，有的伪军还自带了小酒，到时候有菜有饭，怎么着也得弄二两喝喝吧？

　　三个据点的伪军，就都涌进了村，拥堵在了村口。突然，一排排手榴弹从炊烟笼罩的屋顶上、影壁旁和柴火垛里飞了出来，呼啸着爆炸在拥挤的伪军队伍里，紧接着就是一阵清脆的密集的枪声和一波波儿的呐喊声："缴枪不杀，缴枪不杀！"

　　饿着肚子的伪军，吃饱了手榴弹。死的去阎王爷那里吃饭了，没死的就都缴械投降了！缴械投降的，回民支队最后分给了他们一碗稀粥！

　　这一仗，共俘虏伪军六百名，缴获步枪五百多支，机枪三挺。回民支队只费了几把柴火，没有一人伤亡。

第 九 章

后起的天才军事家

1943年的冬天来到了冀鲁豫边区，也来到了马本斋的生命里。马本斋没有想到，这是他人生的最后一个冬天了。

这一年10月，冀鲁豫三分区划归冀南抗日根据地，回民支队调往鲁西南的昆吾、尚和（从濮阳东部划出来的两个县）一带，组成了新三分区，马本斋任分区司令员兼回民支队司令员，张同钰任分区政治部主任兼回民支队政委。

11月，回民支队参加了攻打孙良城的八公桥战役。

孙良城原是国民党第二集团军第一方面军总指挥。后来公开投降日军，得到了日军和汪精卫的赏识和扶持，被委任为第二方面军总司令。他的总司令部设在濮阳县的八公桥。他所占地带，碉堡林立，壕沟遍地，不断蚕食抗日根据地，像个揳入冀鲁豫根据地的大钉子，刺痛了根据地的人民。冀鲁豫军区司令员杨得志和区委书记黄敬决定捣毁孙良城的首脑机关八公桥，斩断日军这个最锋利的爪牙。

军区干部会议上，大家围绕作战计划讨论得非常热烈。有人提出，先扫除八公桥的外围据点，然后步步压缩，最后攻打八公桥。

"杨司令，我说说自己的想法，"马本斋在会议室里站了起来说，"我认为，应该先打八公桥，再扫清外围据点。为什么呢？我给领导们打个比方，我是回回，我们回回爱吃牛肉，别管牛多壮实，有多大气力，只要用我们的牛刀子朝着牛的心脏用力一钻一捅，什么样的牛也蹬腿完蛋！我管他叫牛刀子钻心。我想，八公桥是孙良城的心脏，捅了他的心脏，他一准儿玩完儿！"

"不行，断然不行，太冒险了。"有人摇头。

"是啊，八公桥位于纵深处，防守太严，弄不好，心脏没捅着，牛刀子都丢心脏里了！"也有人附和说。

"老马，"杨得志来了兴趣，"八公桥前有五军，后有四军，附近还有两个团和一个特务团防守，装备精良，你有把握吗？"

马本斋说："杨司令，从敌人方面看，尽管八公桥有层层据点保护，地势险要，守军众多，又是孙良城的嫡系部队特务团防守，但备周则意怠，敌人自然想不到我们会攻打这里。孙良城手握重兵，在向我们根据地步步蚕食，正在得意忘形之际，骄兵必败。从我方看，主力部队距离八公桥二三百里，尚未引起敌人注意，我们可以利用敌人的麻痹心理，急行军钻进他的心脏，打他个措手不及！"

杨得志望了望黄敬书记，边思索边说："说得对，孙良城和我们交手吃过亏，心存余悸，他虽然人多，但都是些拼凑起来的部队，兵力分散，内部不统一，便于我们集中兵力攻其一点，再有，八公桥虽位于纵深处，但也在我们根据地内，便于秘密接近，敌人防范严密，必然麻痹大意，我认为可以采纳马司令的牛刀子钻心战术！"

大家这才通过了这个作战计划。并且同意由马本斋领导的第三军区和回民支队先去对八公桥据点进行侦察。

马本斋带着军分区作战科长李国栋和一大队长马进坡、绘图员王纪中化装成商人，在内线的配合下，三次进出八公桥，将侦察到的情况，整理成材料，并绘制了八公桥伪军配置图，详细向军区做了汇报。军区司令部情报处从各方面核实了这份材料，认为侦察报告真实可靠。

八公桥战役开始了。整个战役由军区统一指挥。马本斋随军区主力攻打八公桥。

马本斋率领回民支队隐蔽行军两天两夜，于 11 月 16 日夜晚到达八公桥。在离八公桥还有四十里地的时候，突然东北风刮起来了，来势强劲，一时间黄沙漫天，风沙主宰了这个夜晚。

这注定是马本斋生命中不平凡的夜晚。他想起了千顷洼突围，也是这样一个夜晚，他的心里不免有些隐隐约约的激动，他冲同志们喊着："不要怕，风沙是孙良城的敌人，却是我们的朋友，同志们，借助大风，加快步伐，消灭孙良城。"

"消灭孙良城！"

确实，风沙把八公桥的伪军刮得无声无息了，连围子外的哨兵也躲进碉堡里背风处去了。主力部队发起了猛烈进攻，马本斋带着马进坡的一个大队和马庆功的第五中队，搭云梯爬上了西北门。那时候，城墙上的守敌将头缩在军衣领子里，正在背朝北、面朝南背风。十几挺机枪一字排开，没人看守，听到总攻的枪声，回过头来找枪，枪早就被缴获了。

西北门攻下之后，马本斋带着人向伪军司令部冲去。经过激战，活捉了伪军参谋长甄纪印。孙良城因 15 日晚上去了开封，逃过了一命。

战士们把甄纪印押到了杨得志和马本斋面前，甄纪印好像还没有从激战中醒过来，他絮絮叨叨地说："真想不到，昏天黑地的，真想不到，风沙弥漫的……"

11 月 28 日，延安《解放日报》头版头条报道了八路军攻克八公桥的消息：

> 濮阳南八公桥，激战十二小时，将孙逆总直属队全部歼灭，毙伤伪数百名，俘虏伪二方面军甄参谋长、慕团长以下官兵一千六百余名，缴获轻机枪十七支，步枪一千六百余支，子弹四万余发，电台两架，战马百余匹，粮食数百万斤及兵工厂一所（机器全部）。

报纸结尾援引了冀鲁豫边区区委书记黄敬的一句话：攻打八公桥是马本斋的牛刀子战术的展现，他是后起的天才的军事家。

当张同钰拿着报纸去找马本斋的时候，马本斋还在指挥部队向鲁西北灾区张鲁集运粮。

在八公桥据点缴获的粮食，运了三天三夜。

这小小的疙瘩奈何不了我

听谯楼打初更玉兔东上，
为吾主昼夜里想断肝肠。
想当年在洞庭何等安享，
到如今投宋朝心无偏向。
岳大哥他待我手足一样，
俺王佐无寸功怎受荣奖。
今日里定巧计将番营来闯，
落一个美名声万古名扬——

在司令部里，马本斋正教警卫员小金唱京戏。打下八公桥，濮阳县收复之后，为庆祝胜利，第三军区和回民支队领导，计划在 1944 年新春佳节之际，召开一次大会。怎样庆祝好呢？有人提议，除了首长们讲话外，还要演节目，扭秧

217

歌，唱大戏。大戏，就是京剧，在冀中地区，逢年过节，红白喜事，都流行唱大戏。

马本斋说："对对对，唱大戏，大戏是国粹，是瑰宝啊！"

张同钰也很高兴："唱大戏好，唱就唱大了，唱红火了。要请老师，选演员，组织好乐队，还要筹备行头，最重要的是要选好剧目，要选与抗日救国和打倒地主恶霸有关的戏。"

第一出戏，选的是《打渔杀家》，配合抗日根据地民主政府领导的减租减息运动。第二出戏选了抗敌救国的《王佐断臂》，以提高全体干部战士的抗日斗志。很快，从四分区请来了导演，从三分区选出了乐队指挥和司鼓、琴师。张同钰也会拉胡琴，就也成了琴师。

《打渔杀家》演员也很快选好了，男主角肖恩由马庆功扮演，李俊由刘世昌扮演。《王佐断臂》的演员，王佐由马本斋扮演。陆登、金兀术、乳娘也都找好了。

可在还有两天就要演出的时候，马本斋却晕倒在排练场上。

"饿的，一定是饿的！"

小金急忙跑过去扶起了马本斋，给他喂了半碗米粥。马本斋醒来后，摸着后脖颈，摸到了一个小疮，看着围着他的同志们，笑着说："没事了，没事了，我喝了粥就没事了，你们排练去吧，别误了演出。小金，扶我起来！"

小金来抬马本斋的头，马本斋一下子又疼得躺了下去。他努力站起来，喘着气说："小金，别声张，咱回司令部，我去教你唱戏，我脖子疼，一扭就疼，这王佐我演不了了，由你来演！"

在司令部，马本斋像一位老师和导演，一句一句地教小金唱戏，一句一句地讲解着："小金你要记住，这是王佐要断臂使苦肉计，前去金营，劝说陆文龙归降岳飞的一场戏。听谯楼打初更玉兔东上，为吾主昼夜里想断肝肠。听字儿，要用立音儿，要唱得饱满，有气势，让人听了有股子刚劲儿；东字儿，要用揿音儿，有刚有柔；上字儿呢，要不透气不换气，一气呵成。落一个美呀名声万古名扬，美与名之间加上一呀字，是苍音的行腔，要最后体现出人物的忧国情怀呀。"

"哎呀，唱段戏还有这么多学问哪？"小金问，"司令员，不知道你是在哪里学来的这功夫呢？"

"哈，说来话长了，马本斋说，在东北军的时候，那些官老爷们啊，常去剧院听戏，其实他们不是听戏，是看戏子去了。我呢？就到后台看他们排练，也跟着学了两招。"

"司令员功夫深，哪里是两招啊？简直是八招、十招。落一个美呀名声万古名扬，司令员，还是不行，我怎么也唱不出你的那个忧国忧民、苍凉悲壮的味儿来，还是你去唱吧！"

"别急，咱再来。我从王佐一上场教你，台步起，转身，甩臂，扬头，唱。听谯楼打初更玉兔东上——"

"听谯楼打初更玉兔东上——"小金的动作和唱腔明显进步了。

两出大戏成功演出之后，马本斋倒在了病床上。

马本斋后脖颈正对着嘴的地方长了个疮。疮不大，但很疼。小金劝他去卫生队动手术，马本斋却说："现在部队缺医少药的，我去凑什么热闹？我大大小小打了上千次仗，有时候军服上都被子弹打成筛子眼，可敌人还是不能动我一根毫毛，放心吧，这小小的疙瘩奈何不了我！去，把前两天郎中给我的药膏拿来，抹抹就好了，谁家不长个小疙瘩啊？别大惊小怪的了，记住，不许告诉张政委和刘主任。"

这飘舞的大雪，是不死的，是永恒的

但小金这次没有听马本斋的，他哭泣着报告给了张政委和刘主任。

张同钰和刘世昌连忙将马本斋送到了支队卫生队。李医生认定是对口疮，给他做了手术之后，未见好转，两人就将马本斋的病情又报告给了杨得志司令员。杨司令立即命令，将马本斋转移到冀鲁豫军区后方医院治疗。

在后方医院里，马本斋知道自己不能去延安了，不能去见毛主席了。就只能眼巴巴地看着杨司令带队出发去延安了！

那天晚上，他拿出了那本没有写完的战斗札记，在风雪夜艰难地写了很长一段时间。也许他没有停下来，一直写到了黎明。

1944 年 2 月 7 日的黎明，当李医生和护士小杨端着药、拿着针走进马本斋住的屋子时，只见马本斋半坐在床上，安详地睡着了。那本没有写完的战斗札记，摊在他的腿上，他的右手还紧紧握着那支黑杆儿钢笔……

　　"马司令——"小杨的药盘子掉在了冬天的地上，发出了一声沉重的钝响。

　　"马司令——"李医生急忙上前，把听诊器放到了马本斋的胸前。

　　马本斋的心脏已经停止了跳动。

　　此时，窗外，凛冽的寒风，正搅动着冀鲁豫平原肥沃而又饱经战火的土地，多情的雪花飘舞着，洒落在了黄河两岸。这多情的雪花，像一个伤心的精灵，从黄河两岸长途跋涉，一直飘到了冀中平原的子牙河畔，又穿越到了四十二年前，与马本斋出生时那场大雪连在了一起……

　　这飘舞的大雪，是不死的，是永恒的。

尾　章

马司令，你看到了吗？我在替你给祖国站岗

　　马本斋司令带着那支浩浩荡荡的抗日大军，从子牙河畔的东辛庄出发，转战冀中，转战冀鲁豫边区，后来他们大部分还去了延安，还去了很远很远的地方……

　　多年以后，我就沿着他们走过的道路，踏着他们的征尘，用我的镜头，长时间远距离地追踪着他们，寻找着他们，一下子就是三十年。

　　我当初拿起相机的时候，想法很简单，就是做摄影家，行万里路。现在看来，我万里路是行了，但我认为还不是摄影家，我更愿意让别人称我是马本斋与回民支队的寻访者和追随者，因为我三十多年来，其实走得就是一条路，用镜头和心灵寻访那个年代的回族英杰、中华赤子。

　　我爱好摄影，爱得那叫疯狂。我当过赤脚医生，早年还推销过汽车配件和建筑材料。1988 年，我攒够了一千块钱，

去北京买了一台相机。我就带着这台宝贝开始了行万里路的历程。我在银川打工，干完了建筑活，就挎着相机走大街，穿小巷，见景就拍。我参加了宁夏举办的新中国成立四十周年摄影大赛。一组照片竟然登上了《宁夏画报》，还获了个奖。我心里甭提多高兴了。

那一年我回家过年，《宁夏日报》的温炳光老师对我说："你是抗日英雄马本斋的老乡，采访马本斋故里，可是一件有意义的事儿，一个人应该找一件有意思的事情干干。"

我觉得他说得对极了。回来后，我就挎着相机骑着自行车去了东辛庄。这时候，东辛庄已经改名叫本斋村几十年了。

你们也许不知道，我也有个和白文冠一样好的母亲，白文冠在山本那里绝食而死，我的母亲也经历过闹日本。她说，我家老门上那块抹不去的深深的黑色痕迹，就是日本人烧的。她说，当年鬼子进村，就烧、就抢，不光抓大人，连小孩子也不放过。为了躲鬼子，她藏到村边苇坑里，老深的水，两手紧紧拽着苇子，光露着脑袋，冻得浑身打哆嗦，是马本斋的义勇队赶走了鬼子，她才活了命。为了我拍摄马本斋和回民支队，为了给我筹集路费，母亲曾把家里唯一的一头驴给卖了。刚刚实行联产承包的时候，毛驴可是家里最重要的劳动力。驴卖了，我又四处奔跑不着家，我们家里拉车耕地的力气活，都是我老婆和我妹妹用肩膀干的。我母亲还为我卖过羊，可气的是，那卖羊的钱还没有焐热，就在集上被小偷给偷走了。

每一分钱，都是家里的心血。我带着路费，每次都感到沉甸甸的。我没有乱花钱，也没有理由不追寻下去。我总在提醒自己，要用快门追赶时间。

1993年清明，我打听到了马本斋的弟弟马进坡的下落，就借钱买了胶卷、车票，着急忙慌地赶到石家庄拜访，可没想到，马进坡已经去世了。庆幸的是，马进坡留下许多珍贵的遗物，马本斋全身像瓷画就是其中之一。那几天，我白天到马进坡家中和有关地方采访拍摄，晚上就在华北烈士陵园马本斋墓前的松树下睡觉。

为了找到高纪庄突围时的参谋长张刚剑，我三次去四川，打了上百个电话，前前后后找寻了七年，终于在成都军区陆军医院病房里见到了他。当我握到了这位百岁将军的手的时候，老人实际上已经不能说话了，可是他得知我是马本斋家乡的来人时，不住地点头。张刚剑的儿子说："父亲一辈子最敬重的人，就是马本斋；父亲虽是汉族，但从认识马本斋起，就开始戴礼拜帽，还改变了饮食习惯。"

我买了一束鲜花，放在老人病床前，给老人拍下了一张影像。不久老人去世，临终时，他的头上仍戴着回民兄弟戴的白色的礼拜帽。

2005年初冬的一天，马本斋纪念馆路南的母子烈士陵园里，汉白玉墓碑，青松翠柏，在夕阳下肃穆庄严。我在这里发现有位老人，默默伫立在母子像前。我走了过去，老人浑身发抖，满眼泪水。攀谈了几句，我知道，老人叫李福亭。

他是专程从新疆来瞻仰马本斋母子遗像的。老人祖籍高碑店，1939 年参加回民支队。参军不久，就随回民支队到过东辛庄，吃过白文冠和孙淑芳炸的油香，也吃了马永长种的西瓜。那次是他跟着马进坡进的瓜地，看着圆滚滚的大西瓜，他的小手摸着摸着，还不敢摘瓜。李福亭跟着杨得志司令去了延安，在陕西米脂县听说了马本斋病逝的消息，哭得一天没吃饭。抗日战争胜利后，他和战友们从延安转战到了新疆，从此扎下了根。那里，还有很多和他一样的回民支队老战士。

　　这时候，我的眼前一亮，我知道，马本斋和回民支队真正的结局在向我招手呢！

　　我决定去寻访这个结局，那年正月初九，我揣着卖粮食的钱，踏上了去新疆的旅程。正月十二，在乌鲁木齐再次与李福亭相见。老人给我包了羊肉馅的饺子，用回族的礼节接待了我。我和老人谈了很久，谈了很多。我终于理清了回民支队最后的脉络。

　　1944 年 2 月 7 日，马本斋病逝于冀鲁豫军区医院，葬礼在张鲁集隆重举行；回民支队在杨得志司令的带领下，奔赴延安。1945 年日本投降后，冀中回民支队官兵在延安进行重新改编，一部分官兵去往东北、张家口和冀中地区，留在延安的官兵缩编为一个营，参加了延安保卫战。1949 年解放兰州战役后，全营官兵仅存三百多人，随后又缩编为一个连，参加了宁夏的和平解放。1950 年 3 月，部队奉调新疆剿匪，后来成为奇台边防连。

"奇台就在奇台路上吧，我要去奇台！"突然，我对李福亭老人提出了这个要求。

"哈哈哈。"老人大笑，"奇台不在乌鲁木齐，在中蒙边境，在离乌鲁木齐上千里地的奇台县，三个泉边防连离奇台还有五六百里地，不好去啊！"

"那怎么办？不好去我也想去，这是我寻找的最后的结局啊！"

"你让我想想，让我想想。"李福庭老人拍着脑袋想了一会儿说，"我们家属院有去军区办事的军车，我给你联系一下，你到军区以后，拿着介绍信，再让边防连的车来接！"

其实不像老人说的那么简单。寒冷的冬天，雪路、坡陡、路滑、车少、戈壁、峡谷、高原反应，我都经历过了。三天后，我才穿着鞋底与鞋帮分家的鞋子、吃着药片来到了天山北麓白塔山下的三个泉边防连。

一座米黄色的小楼，坐落在一片相对开阔的地方，严肃，整洁，安静，一幅世外桃源的景色。在小楼不远的地方，有自南向北一字排开的三个泉眼儿，三个泉因此而得名。据说，多少年来，泉水不断流淌，常年不息，为来这里的驿卒行旅提供了饮水之便。所以啊，三个泉自古就是军台驿站。

我在这里一待就是一个月。在荣誉室里，我了解了三个泉边防连的历史，该连前身源于回民支队。抗日战争中，参加过著名的沧石伏击战、白洋淀、榆科、陈家庄、沙河桥、八拱桥等大小战役、战斗五十余次。解放战争中，在直罗镇、崂山、保卫延安、解放西安、兰州等多次战斗中荣立战功，先后荣获了"模范党支部""战斗英雄连""夜老虎连""行军模范连""英勇顽强，攻取皋兰山连""攻如猛虎，守如泰山连"等荣誉称号。连队党支部二十五次被军区表彰为先进党支部，十八次被军区表彰为"边防执勤先进连队"，五次被军区表彰为"基层建设标兵连队"，先后三次荣立集体二等功，二十一次荣立集体三等功。

我感动的是，连队至今保存着回民支队的生活方式。在荣誉室里，马本斋专栏也格外引人注目。在这里，我又看到了毛泽东的题词：马本斋同志不死！

我把我带来的部分马本斋的资料捐献给了荣誉室。我还给全体官兵讲了马本斋和他家乡的故事，讲了我们美丽的子牙河，讲了我们富饶的改革开放后的冀中大地。讲完以后，在边境夕阳的余晖里，我在连长杨树茂的带领下，去拍了巍峨壮观的界碑。我用专门带来的国产相机与胶卷，对着界碑，按下了快门。然后，我双膝弯曲，在界碑上的国徽的前面，跪了下来。

我感受到了身后强大的力量，那是我们强大的祖国啊！那是我们巍巍中华啊！我的眼泪不由自主地流了下来。

泪眼模糊中，我突然产生了一个强烈的愿望，但那时没有说。

在跟着官兵们经过了几天的打靶射击、投掷手榴弹的训练之后，我才对杨连长郑重地说："连长，我有个请求和愿望，我想为祖国站一班岗！"

杨连长考虑了一下，同意了，他问我："你想站哪一班？"

"最冷的那一班！"我说。

最冷的那班岗，是从晚上11点半，到深夜1点的岗。

深夜，时间到了。我戴上军帽，穿上军大衣，接过连长给我的枪，独自一人大步走向了哨楼。我的枪里压满了子弹。

那一晚，我紧握钢枪，目视远方。边疆明月笼罩下的群山，蜿蜒绵长，冰雪覆盖，在寒夜里蕴藏着坚强磅礴的力量。在这群山的包围里，我觉得我站成了一个真正的战士，站成了一个真正的英雄。我想，对马本斋和回民支队三十年的追寻终于有了新的答案：我就是马本斋，或者说，我就是马本斋那样的人。

我被自己的豪气感染了，我在夜空里用尽平生力气大声呼喊："马本斋，马司令，我是赵文岭，你看到了吗？我在替你给祖国站岗！"

"看到了，我看到了，我永远和你们在一起！"夜空寂静肃穆，群山纷纷响应，我仿佛听到了马本斋司令从抗日战场上穿越而来的悠长的回音。

那是贯彻天地、接通古今的英魂之音！

2019年11月2日初稿

2020年5月1日二稿

2020年11月20日改定